本专著《乡村旅游目的地营销中的政府行为评价研究》系江西省社会科学规划2015年度项目江西省社会科学规划项目（项目批准号：15GL43）的研究成果。

乡村旅游
目的地营销中的政府行为评价研究

周丹敏◎著

江西高校出版社
JIANGXI UNIVERSITIES AND COLLEGES PRESS

图书在版编目(CIP)数据

乡村旅游目的地营销中的政府行为评价研究/周丹敏著. —南昌:江西高校出版社,2020.11(2022.2重印)
ISBN 978-7-5762-0418-6

Ⅰ.①乡… Ⅱ.①周… Ⅲ.①乡村旅游—旅游地—市场营销—关系—政府行为—研究—中国 Ⅳ.①F592.3 ②D63

中国版本图书馆 CIP 数据核字(2020)第 205574 号

出版发行	江西高校出版社
社　　址	江西省南昌市洪都北大道96号
总编室电话	(0791)88504319
销售电话	(0791)88522516
网　　址	www.juacp.com
印　　刷	天津画中画印刷有限公司
经　　销	全国新华书店
开　　本	700mm×1000mm　1/16
印　　张	9.25
字　　数	150千字
版　　次	2020年11月第1版 2022年2月第2次印刷
书　　号	ISBN 978-7-5762-0418-6
定　　价	58.00元

赣版权登字 -07-2020-1122
版权所有　侵权必究
图书若有印装问题,请随时向本社印制部(0791-88513257)退换

序　言

近年来,我国旅游业整体发展迅速,不管是沿海经济发达地区还是中西部经济欠发达地区,旅游业都获得了长足的进步,地区间旅游业的差距也在逐渐缩小。我国旅游业得以快速发展的原因,一方面来自国民旅游意愿的增强和出游频次的激增,另一方面来自各地政府的大力推动。由于旅游业在促进地方综合发展方面具有较强的带动作用,许多地方政府十分重视旅游产业的发展,甚至将旅游产业列为地方的重要战略支柱产业。地方政府为了促进地方旅游业的发展,在不断完善旅游基础设施的同时,也开始越来越注重旅游营销。旅游目的地整体营销的观念,逐渐被认可和接受。

为了吸引旅游者,为了提升旅游目的地的旅游形象,国内各地方政府在旅游目的地营销和宣传方面的投入也越来越大。一些地方通过旅游营销和宣传成功树立起了旅游形象,并且获得了良好的经济效益,也有许多地方在旅游目的地营销中处于盲目和趋同状态,大量的资金投入并未取得预期的效果。这些现象引发了人们的思考:用于旅游目的地营销的巨额投入是否获得了预期的效果?政府主导的旅游营销效果如何?政府在旅游目的地营销中到底应该承担什么职能?这些已经成为旅游目的地营销组织以及学者们普遍重视和关注的问题。因此,本书将对乡村旅游目的地营销中的政府行为进行研究。

本书首先从乡村旅游目的地营销政府行为的必要性入手,确定乡村旅游目的地营销政府行为的边界；然后以系统理论、公共产品理论、旅游公共服务理论为理论基础，以国内外乡村旅游目的地营销中的政府行为为实践基础，分析了乡村旅游目的地营销中的政府行为和乡村旅游目的地营销中的政府行为模式，并结合当前我国旅游业的发展现状和趋势，对我国未来乡村旅游目的地营销中的政府行为模式给出建议；最后，通过构建乡村旅游目的地营销绩效评价模型，对赣南原中央苏区乡村旅游目的地营销的绩效进行评价，并提出改进乡村旅游目的地营销绩效的政策性意见。

目录 CONTENTS

第1章 引言 /001
    1.1 研究背景与研究问题 /001
    1.2 研究综述 /002
    1.3 研究目的与研究思路 /006
    1.4 研究方法与研究意义 /007

第2章 核心概念及理论基础 /010
    2.1 旅游目的地营销 /010
    2.2 政府职能与政府行为 /020
    2.3 相关理论基础 /026

第3章 旅游目的地营销中的政府行为研究 /038
    3.1 政府参与旅游目的地营销的必要性 /038
    3.2 旅游目的地营销中的政府行为 /041
    3.3 旅游目的地营销中的政府行为模式 /050
    3.4 我国旅游目的地营销中的政府行为模式 /053

第4章 乡村旅游目的地营销中政府行为绩效评价模型构建 /061
    4.1 相关研究回顾 /061

4.2　乡村旅游目的地营销绩效评价指标体系构建　/064

　　4.3　主要指标的含义与测定　/067

　　4.4　乡村旅游目的地旅游营销绩效评价方法及模型构建　/074

第5章　乡村旅游目的地营销绩效评价实证研究　/082

　　5.1　赣南原中央苏区乡村旅游目的地营销现状　/082

　　5.2　赣州市乡村旅游目的地营销绩效评价　/097

第6章　赣州市乡村旅游目的地营销对策与建议　/101

　　6.1　加强旅游形象品牌的传播　/101

　　6.2　积极提升旅游产业竞争力　/103

　　6.3　提升旅游公共服务水平　/105

　　6.4　创新开展新媒体营销　/107

　　6.5　旅游人才发展措施　/110

参考文献　/111

附录　/119

　　附录1　2012—2018年赣州市旅游事业情况　/119

　　附录2　2010—2018年赣州市辖区、县星级宾馆情况　/120

　　附录3　2017、2018全国各省(自治区、直辖市)国际旅游收入情况(单位:百万美元)　/121

　　附录4　赣州主要旅游目的地情况　/122

第1章 引　　言

1.1 研究背景与研究问题

1.1.1 研究背景

国外旅游目的地营销的实践与研究由来已久，国内旅游目的地营销的实践与研究方兴未艾。根据世界旅游组织对全球128个国家和地区的调查结果，世界上绝大多数国家为旅游目的地营销提供了数额庞大的预算。在国内，以旅游目的地为主的市场营销，近些年开始逐渐被国内地方旅游管理部门认可和关注。我国旅游业从发展之始，便一直采用政府主导模式，各地的旅游目的地营销也是由各地的相关旅游主管部门负责。随着旅游业在地方发展中对社会、经济带动作用的凸显，不论是在经济发达地区还是在经济发展相对落后地区，各地方政府都十分重视旅游目的地营销工作，在旅游目的地营销中的投入也越来越大。

在国家层面，以2019年为例，中央级政府性基金支出预算表中，关于旅游发展宣传方面的费用从上一年的1.5亿元增加至2.1亿元，同比增长40%。在省市层面，以湖北省为例，湖北省财政2016年预算安排旅游形象宣传专项资金7400万元，2017年预算安排8000万元，同比增长8%，并调整为省直专项，全部为省财政预算资金。县(市)级的政府在旅游目的地营销宣传中的投入也十分惊人，以山西省榆林市的神木县(今神木市)为例，神木县旅游局2015年的财政决算支出的项目支出为1671.839万元，用于旅游宣传与推广的费用为1289万元，其中仅旅游形象宣传片拍摄制作费一项的花费为526.975万元。

总体来说，近年来我国旅游业的快速发展与各个省市不断完善旅游目的地的配套设施以及加大旅游目的地营销的投入，积极树立和展示旅游形象，广泛地吸引游客有着密不可分的关系。

1.1.2 问题提出

第一,旅游目的地营销能够促进旅游业的快速发展,是毋庸置疑的。但是,用于旅游目的地营销的巨额投入是否获得了预期的效果?这一问题已经开始引起旅游目的地营销组织以及学者们的关注。旅游目的地营销组织一方面需要通过绩效评价来获知旅游者数量与支出是否与营销活动直接相关,同时还需通过绩效评价发现现有营销工作中的不足,以为日后营销工作的改进提供依据,监测营销活动绩效成为目的地营销组织的主要管理职能之一。因此,如何加强旅游宣传资金的管理,提升旅游目的地营销项目的监控和执行以及绩效的评价,已成为旅游目的地管理中急需解决的问题。

第二,我国旅游业普遍采用政府主导发展模式,旅游目的地营销工作也是由各地相关旅游政府管理部门负责。随着我国各地旅游业的逐步发展成熟,政府主导型的旅游目的地营销模式是否仍然满足我国各地的旅游目的地营销实践需求,也是值得思考和研究的问题。

1.2 研究综述

1.2.1 关于乡村旅游目的地营销中政府行为的必要性研究

1. 国内外相关研究

从不同经济学派对经济领域中政府行为的论述可以看出,经济自由主义并非完全反对政府对经济的干预,认为政府也具有一定的经济功能;政府干预主义也不主张政府干预经济中的一切,并没有否认市场中自由竞争的作用。经济自由主义和政府干预主义经济学派日趋融合,经济自由主义承认政府干预的合理性;政府干预主义在强调政府对经济进行干预的必要性的同时,注重市场机制的基础作用。

关于乡村旅游目的地营销中政府行为的必要性研究主要涉及三个方面的问题:一是由于旅游市场存在市场失灵问题,因此必须发挥政府在乡村旅游目的地营销中的作用;二是在乡村旅游目的地营销中政府起着重要作用的问题;三是政府在乡村旅游目的地营销中也同样存在失灵问题。

一些学者认为旅游目的地营销具有明显的公共产品属性,旅游目的地形象有着显著的非竞争性和非排他性,旅游目的地营销的外部性使旅游企业缺乏参与的动力。比如,许峰、李臣刚(2005)认为,旅游市场中市场机制存在着信息不对称、外部性等缺陷,为了避免旅游发展中的"公地悲剧",需要发挥政府在旅游业中的公共管理职能。

很多学者对旅游目的地营销中政府的职能定位进行了相应的探讨。比如,温锦英(2007)认为,政府职能应着眼于对经济的宏观调控、社会服务和公共管理。葛丽芳(2003)认为,当前我国旅游业发展中的政府职能主要包括规划与调控职能、协调职能、基建职能、立法职能、资源保护职能和信息管理职能等。郝索(2001)将政府行为按行政层级分为中央政府宏观决策职能、地方政府综合管理职能和旅游业管理部门的行业管理职能等三个层次。中央政府宏观决策职能主要包括制定法律法规来规范旅游业、通过财政税收政策支持旅游业发展、制定旅游业发展战略及规划、宣传国家整体形象等;地方政府综合管理职能主要包括地区旅游业发展的规划、目的地宣传促销、组织节事活动、地方旅游相关基础设施建设等;旅游业管理部门的行业管理职能主要包括旅游市场监督、市场促销、协调不同部门关系、对相关旅游企业进行审批和评定、旅游从业人员资格认定等。

一些学者也对乡村旅游目的地营销中政府失灵问题进行了研究。比如,刘德光(2013)认为,政府失灵是政府在试图弥补市场机制缺陷的过程中,自身存在的诸多缺陷最终导致预期的社会公共目标无法实现,损害市场组织的效率。政府失灵的原因主要包括官僚层级组织结构缺陷、信息不对称、政府成本和收益的分离、内在性标准和政府行为决策程序的缺陷等。

2. 国内外相关研究的评论

现有文献基本上认同发挥政府在乡村旅游目的地营销中的作用,然而,政府行为的边界是什么?大多数文献主要从经济和利益相关者视角对乡村旅游目的地营销中政府行为的必要性进行研究,缺乏从整个乡村旅游目的地营销系统视角对乡村旅游目的地营销中政府行为的必要性进行研究。

1.2.2 关于乡村旅游目的地营销的影响因素方面研究

1. 国内外相关研究

国内外学者都对旅游目的地营销的影响因素进行了大量研究。国外代表性的观点包括：Ritchie 和 Crouch(2003)认为目的地的吸引力、管理、营销组织、信息和效率等五个方面影响旅游目的地的营销效果。Dwyer 和 Kim(2003)认为影响旅游目的地营销效果的因素包括资源、需求要素、环境条件和目的地管理等四个方面。Hassan(2000)认为影响旅游目的地竞争力的主要因素包括需求要素、环保意识、比较优势和产业结构等。国内代表性的观点包括：郭舒和曹宁(2004)提出包括核心吸引物、基础性资源、支持性因素、发展性因素、资格性因素和管理创新等六因素联动模型。宋章海(2008)将影响旅游目的地的因素分为旅游吸引物和环境要素、旅游产品的服务要素和旅游市场要素等三个方面。

2. 国内外相关研究的评论

不论是国外学者对旅游目的地营销的影响因素做出的研究，还是国内学者对旅游目的地营销的影响因素做出的研究，由于不同的研究目的，研究结论存在一些不同之处，但是都认为这些影响因素相互联系，从不同方面共同作用于旅游目的地营销。本课题试图在已有研究的基础上，分析政府行为与这些影响因素之间的关系，为研究乡村旅游目的地营销中政府行为效益提供理论指导。

1.2.3 关于乡村旅游目的地营销中政府介入方式研究

1. 国内外相关研究

根据政府介入旅游目的地营销的程度高低，政府行为可以分为政府主导模式、政府参与模式及政府守夜模式。由于在整个国家和社会发展中旅游业的作用越来越大，很多地方政府实施政府主导模式，充分发挥政府在旅游业发展中的作用，由此，更多学者对政府主导模式进行研究。比如，田兰(2007)等认为旅游业政府主导型发展战略主要是通过政府对市场配置旅游资源的补充，使得资源配置达到较优状态，社会福利得到帕累托改进，从而促进旅游业可持续发展。邓祝仁(2000)认为在旅游业政府主导型发展战略中，政府应从完善市场体系、健全市场机制、理清政企关系、制定和落实相关产业政策等方面来发挥政府作用。章尚正(1998)则认为政府主导型发展战略是暂时的，随着旅游产业市场的不断成熟,政府指导型发展战略和政府协调型发展战略将会取代政府主导型发展战略。

2. 国内外相关研究的评论

在乡村旅游目的地营销中,政府介入旅游目的地营销的程度不同,将会导致政府行为在乡村旅游目的地营销过程中与其他参与主体的关系不同,所发挥的功能也不同。已有的研究成果主要从政府职能定位和具体营销行为等方面对政府行为进行分析,很少对不同类型乡村旅游目的地、乡村旅游目的地的不同发展阶段中政府行为的差异性进行研究。本课题对乡村旅游目的地类型、生命周期阶段、乡村旅游目的地市场经济状况等不同情境下的乡村旅游目的地营销中政府介入模式进行研究,为政府在乡村旅游目的地营销中的行为选择提供参考依据。

1.2.4 关于旅游目的地营销中政府行为评价研究

1. 国内外相关研究

关于旅游目的地营销中政府行为评价的研究,国内一些学者提出了一系列具体模型与方法,主要包括人工神经网络模型、供需双方感知评价模型、因子分析法、层次分析法等。比如,黄燕玲(2010)以国家旅游综合改革试验区——桂林为案例,采用问卷调查与访谈相结合的方法,基于供需双方感知评价对目的地营销中政府行为内容、质量、体系构建及发展期望进行研究。肖婷婷等(2011)以国家旅游综合改革试验区——桂林为案例,建立游客满意度的综合评价模型作为旅游目的地游客满意度的量化测评工具。连漪等(2009)利用人工神经网络模型推测游客的满意度,以达到进一步完善政府职能的目的。

2. 国内外相关研究的评论

已有研究成果的各种评价模型与方法具有各自的特点,但是,总的来说,已有研究成果运用的评价方法对样本数据量要求较大,对指标权重的赋予较主观,对政府绩效评价还不够有效。目前地方政府介入乡村旅游目的地营销存在着趋同性、盲目性和随意性等问题。为此,需要建构政府绩效评价模型对乡村旅游目的地营销的政府行为进行监测,以实现提高公共经费支出效率,改进旅游目的地营销中政府行为的目标。因此,本课题试图运用层次分析法和模糊评价法,构建乡村旅游目的地营销绩效评价指标体系。

1.3 研究目的与研究思路

1.3.1 研究目的

本课题对乡村旅游目的地营销中政府行为进行研究,主要目标包括:

(1)确定乡村旅游目的地营销中政府行为边界,其目的是解释乡村旅游目的地营销中政府行为研究的必要性。

(2)对乡村旅游目的地营销的影响要素系统、乡村旅游目的地营销中政府介入方式和赣南等原中央苏区乡村旅游目的地营销中政府绩效进行实证研究。其目的是提出赣南等原中央苏区乡村旅游目的地营销中政府行为改进的政策建议。

1.3.2 研究思路

本课题对乡村旅游目的地营销中政府行为进行研究,研究思路如下:乡村旅游目的地营销中政府行为内涵—乡村旅游目的地营销中政府行为边界—乡村旅游目的地营销的影响要素系统分析—乡村旅游目的地营销中政府介入方式—乡村旅游目的地营销中政府行为绩效评价—赣南等原中央苏区乡村旅游目的地营销中政府行为实证分析。具体地说,本课题的研究思路如下:

(1)厘清乡村旅游目的地营销中政府行为内涵,建构乡村旅游目的地营销中政府行为的理论分析框架。

(2)界定乡村旅游目的地营销中政府行为边界,对乡村旅游目的地营销中政府和市场主体的功能边界进行探寻。

(3)分析乡村旅游目的地营销的影响要素,对乡村旅游目的地营销中政府行为对主要影响要素的作用进行研究。

(4)探析乡村旅游目的地营销中政府介入模式,为乡村旅游目的地营销中政府行为选择提供参考依据。

(5)研究乡村旅游目的地营销中政府绩效评价模型,为乡村旅游目的地营销中政府绩效实证分析提供分析模型。

(6)对赣南等原中央苏区乡村旅游目的地营销中政府行为进行实证分析,

为赣南原中央苏区乡村旅游目的地营销中政府行为改进提出政策建议。

1.4 研究方法与研究意义

1.4.1 研究方法

根据所要研究的问题,本课题将运用的研究方法主要包括如下几个方面:

1. 规范分析方法

规范分析方法所要回答的问题是"应当是什么"或者"应该怎样解决"。规范分析方法以一定的价值判断作为基础,在进行规范分析之前,先确定相应的准则,然后再依据这些准则来分析研究对象目前所处的状态是否符合这些准则,其偏离的程度如何,应当如何调整,等等。本课题对乡村旅游目的地营销中政府行为的边界界定,以及乡村旅游目的地营销中政府介入程度选择进行研究,其目的是回答乡村旅游目的地营销中政府行为的边界"应当是什么",不同情境下的乡村旅游目的地营销中政府介入方式"应当是什么"。

2. 模糊综合评价法和层次分析法

模糊综合评价法(FCE)是一种根据模糊数学的隶属度理论把定性评价转化为定量评价的方法。它具有结果清晰、系统性强的特点,能较好地解决模糊的、难以量化的问题,适合各种非确定性问题的解决。模糊综合评价法(FCE)计算的前提条件之一是确定各个评价指标的权重,也就是权向量,一般由决策者直接指定。但对于复杂的问题,例如评价指标很多并且相互之间存在影响关系,直接给出各个评价指标的权重比较困难,而这个问题正是层次分析法(AHP)所擅长的。

层次分析法(AHP)通过对问题的分解,将复杂问题分解为多个子问题,并通过两两比较的形式给出决策数据,最终给出备选方案的排序权重。如果把评价指标作为层次分析法(AHP)的备选方案,使用层次分析法(AHP)对问题分层建模并根据专家对此模型的决策数据进行计算,就可以得到备选方案,也就是各个评价指标的排序权重。这样就解决了模糊综合评价法(FCE)中复杂评价指标权重确定的问题。

本课题对乡村旅游目的地政府营销的绩效进行研究,运用层次分析法

（AHP）构建旅游目的地营销绩效的评价指标体系，运用模糊综合评价法（FCE）对乡村旅游目的地政府营销的绩效进行定量评价。

3. 理论分析和案例分析相结合的方法

鉴于乡村旅游目的地营销是一个具有很强现实性的问题，在整个论述中自始至终都运用了案例研究法，将理论分析和案例分析有机融合在一起，试图结合典型案例来充分论证理论观点的合理性，增强说服力。

4. 实证分析方法

本课题将在乡村旅游目的地营销中政府绩效评价模型的基础上，对赣南原中央苏区乡村旅游目的地营销中政府行为进行相关数据采集及处理，对乡村旅游目的地营销中政府绩效评价指标体系进行信度和效度检验，对乡村旅游目的地营销中政府绩效评价模型的有效性进行验证，对赣南原中央苏区乡村旅游目的地营销中政府绩效进行分析，根据分析所存在的问题，提出赣南原中央苏区乡村旅游目的地营销中政府绩效改进的政策建议。

1.4.2 研究意义

1. 学术价值

（1）建构乡村旅游目的地营销的影响要素系统分析模型。本课题将在现有研究成果的基础上，运用系统论的研究视角和实证主义研究方法，试图从影响乡村旅游目的地营销的关键因素等方面构建乡村旅游目的地营销的影响要素系统分析模型，对乡村旅游目的地营销的关键性影响因素之间的关系以及政府行为在乡村旅游目的地营销中的作用进行研究。这对于乡村旅游目的地营销中政府行为效果的研究具有理论指导意义。

（2）乡村旅游目的地营销中政府介入模式研究。在乡村旅游目的地营销中，政府介入乡村旅游目的地营销的程度不同，将会导致政府行为在乡村旅游目的地营销过程中与其他参与主体的关系不同，所发挥的功能也不同。本课题将对乡村旅游目的地类型、生命周期阶段、乡村旅游目的地市场经济状况等不同情境下的乡村旅游目的地营销中政府介入模式进行研究，这对于不同类型乡村旅游目的地和乡村旅游目的地的不同发展阶段中的政府行为选择具有理论指导意义。

（3）构建乡村旅游目的地营销中政府绩效评价模型。本课题将围绕评价指标体系的价值取向是什么、评价指标如何设计和筛选、结果性指标有哪些以及原因性指标有哪些等一系列问题，运用粗糙集理论与模糊层次分析法来构建乡村旅游目的地营销中政府绩效评价模型，这对于乡村旅游目的地营销中政府绩效评价具有理论指导意义。

2. 应用价值

（1）本课题研究乡村旅游目的地营销中政府介入模式，将对乡村旅游目的地不同发展阶段中政府行为的优势和缺陷以及适用条件进行分析。这将有助于乡村旅游目的地营销中政府介入程度的选择。

（2）本课题将运用乡村旅游目的地营销中政府绩效评价模型对赣南原中央苏区乡村旅游目的地营销中政府绩效进行实证分析，将根据实证分析结论，对赣南原中央苏区乡村旅游目的地营销中政府绩效的提升提出政策建议。

第 2 章 核心概念及理论基础

2.1 旅游目的地营销

2.1.1 概念辨析

1. 旅游目的地

国内外许多学者对旅游目的地的概念进行了界定,比较受到公认的是英国学者 Buhalis 的观点。Buhalis 从旅游产品提供者的角度对旅游目的地进行了界定,他认为旅游目的地是由目的地管理机构依据相关的旅游管理规划和政策进行管理的一个特定的旅游区域,旅游目的地是为游客提供一种完整旅游体验的多种旅游产品的混合体。他还指出旅游目的地由 6 个"A"组成,如表 2-1 所示。

表 2-1 旅游目的地六大核心要素

核心要素	内容
吸引物 (Attractions)	自然的、人造的、出于特殊目的建造的、历史遗留下来的吸引物以及风俗和节庆活动
交通 (Accessibility)	包括路线、站点和交通工具在内的完整交通系统
设施和服务 (Amenities)	住宿、餐饮、零售设施、其他旅游服务
包价服务 (Available Package)	由旅游代理商和委托人共同设计的旅游线路
活动 (Activities)	消费者在目的地逗留期间可以参加的所有活动
辅助服务 (Ancillary Service)	旅游者可能用到的一切服务,银行、通信、邮政、医院等服务

此外，Leiper 的观点也受到了不少学者的关注。Leiper 从旅游者的角度对旅游目的地的概念进行界定。Leiper(1990,1995)认为旅游目的地是人们选择去旅行的一个完全不同于其日常居住地的地方。旅游目的地可以是一个特定的地点，如城市的一个运动场、一个主题公园或国家公园，一个乡镇或者一个城市，一个区域，一座岛屿，一个州或一个国家，或者一个国际区域，如亚太地区[①]。

国内也有不少研究者对旅游目的地的概念进行了界定，其中比较具有代表性的是保继刚、魏小安等。保继刚(2004)认为，一定地理空间上的旅游资源同旅游专用设施、旅游基础设施以及相关的其他条件有机地结合起来，就成为旅游者停留和活动的目的地，即旅游目的地。魏小安(2002)认为，能够使旅游者产生旅游动机，并追求旅游动机实现的各类空间要素的总和就是旅游目的地。

为了研究的需要，本文借鉴 Leiper(1990,1995)的研究，将旅游目的地定义为人们选择去旅行的一个完全不同于其日常居住地的地方。该地方具有旅游吸引物、旅游基础设施和相关服务设施，能够满足旅游者的旅游需要。旅游目的地可以是一个特定的地点，如城市的一个运动场、一个主题公园或国家公园，一个乡镇或者一个城市，一个区域，一座岛屿，一个州或一个国家，或者一个国际区域，如亚太地区。

2. 旅游目的地营销

市场营销理念在旅游与旅游业中的应用，主要集中在旅游企业和旅游目的地两个方面。与旅游企业的营销研究相比，旅游目的地营销是一个相对较新的研究领域。国外有关研究始于 20 世纪 70 年代，主要集中于旅游目的地形象的识别和塑造。美国科罗拉多州立大学的 Hunt(1971)撰写的博士论文《形象：旅游的一种要素》，被认为是旅游目的地形象研究的第一部著作。

国内相关研究始于 20 世纪 90 年代，陈传康、李蕾蕾(1996)将企业形象识别理念引入风景旅游区和景点的旅游形象策划中，从此开启了国内研究旅游目的地营销的先河。我们通过搜集相关期刊和专著，将国内有关旅游目的地营销的概念进行整理，列举其中比较具有代表性的观点如表 2-2 所示。

---

① Youcheng Wang, Abraham Pizam. 目的地市场营销与管理：理论与实践[M]. 张朝枝，郑艳芬，译. 北京：中国旅游出版社，2014：60.

表 2-2 有关文献对"旅游目的地营销"概念的界定

序号	概念内涵	作者/时间
1	提高旅游目的地的价值和形象,使潜在旅游者充分意识到该地区与众不同的优势;开发有吸引力的旅游产品,宣传和促销整个地区的产品和服务,刺激来访者的消费行为,提高其在该地区的消费额	赵西萍(2002)
2	旅游目的地营销作为全面吸引游客注意力的工程,基本理念是从产品营销向综合形象营销跨越,营销运作机制从分散的个别营销向整合营销传播提升	舒伯阳(2006)
3	针对确定的目标市场,通过传播和整合目的地的关键要素作用于消费者的感知,以达到塑造目的地形象、提升游客满意度的目的,进而开拓旅游市场	王国新(2006)
4	旅游目的地营销是以旅游目的地区域为营销主体,代表区域内各种机构、所有旅游企业和全体从业人员,以一个旅游目的地的整体形象加入旅游市场激烈的竞争中,并以不同方式和手段传播旅游信息,制造兴奋点,展示新形象,增强吸引力,引发消费者注意力和兴奋点的全过程	袁新华(2006)
5	以游客为中心,旨在通过整合与平衡游客、服务提供者和社区利益,来促进旅游目的地经济与文化发展的前瞻性活动	国际旅游目的地营销协会(DMAI)(2008)
6	向旅游者提供旅游目的地相关信息,突出旅游地的形象并打造景区吸引物;通过向潜在群体和目标群体进行营销从而吸引其注意力,诱发其对旅游目的地的向往,进而产生旅游消费	邹统钎(2012)

在借鉴已有学者的观点的基础上,本文将旅游目的地营销界定为依托旅游目的地的资源,面向目标客源市场对旅游目的地所能提供的产品及旅游目的地形象进行定位,实施有针对性的营销策略,诱发旅游者前往旅游目的地进行旅游消费的手段。

3. 旅游目的地形象

Boulding(1956)和 Martineau(1958)提出的"人的行为更多的是依赖人们心目中的形象而往往不是客观的现实"的论断,开辟了国外学者对形象概念研究的先河[1]。此后,不少学者将"形象"这一概念,引入旅游营销的研究中,比较具有代表性的观点有 Lawson 和 Baud Bovy(1997)提出的"形象是指一个人或团体

---

[1] 邹统钎,陈芸. 旅游目的地营销[M]. 北京:经济管理出版社,2012:101-102.

对一个特别的地方所可能持有的所有客观知识、印象、偏见、想象与感性思考的表达"。大量文献研究表明,形象作为旅游目的地差异化的一种手段,在游客决策过程中发挥着重要的作用①。Embacher 等将目的地形象定义为个体或群体在实地旅行之后对目的地的印象总和,包括认知成分及情感成分②。

Gunn(1972)将旅游目的地形象分成原生形象和引致形象两类。一个游客在未决定旅游之前,脑海里会把一系列旅游目的地作为可选方案,并在心目中有各个旅游目的地的形象,这些形象的形成与游客的经历以及所接收的信息密切相关。一旦游客有了旅游动机,并决定要旅游时,便会有意识地搜寻备选旅游目的地的相关信息,并对这些信息进行加工和选择,最终形成引致形象。

Fakeye 和 Crompton(1991)在 Gunn 研究的基础上,提出了旅游目的地形象的形成过程,如图2-1所示。旅游者在做出决策之前,对备选旅游目的地持有一种"印象",这种印象可能源自旅游者先前的教育、经历等;旅游者一旦产生旅

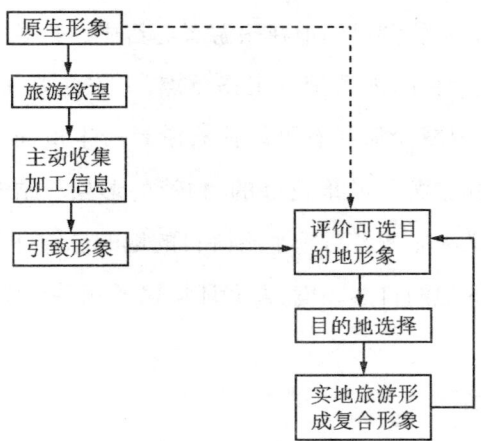

图2-1 旅游目的地感知形象的形成过程

资料来源:FAKEYE P C,CROMPTON J L. Image difference between prospective, first time, and repeat visitors to the Lower Rio Grande Valley[J]. Journal of Travel Research,1991,30(2):10-16.

---

① Youcheng Wang, Abraham Pizam. 目的地市场营销与管理:理论与实践[M]. 张朝枝,郑艳芬,译. 北京:中国旅游出版社,2014:108.

② EMBACHER J, BUTTLE F. A repertory grid analysis of Austria's image as a summer vacation destination[J]. Journal of Travel Research,1989,28(3):3-23.

游欲望,便会通过报纸、旅游刊物、电视、网络等媒介主动收集相关信息,由此形成对每个目的地的引致形象;旅游者通过对这些旅游目的地引致形象的比较分析,再结合原生形象,最终形成一个方案,完成决策过程;旅游者通过对目的地的参观、游览和体验,会改变之前形成的引致形象,最终形成复合形象。

国内最早将形象引入旅游研究领域的学者是李蕾蕾(1995)[①]。关于旅游目的地形象的定义,国内研究者们的观点也不统一。张建忠(1997)认为旅游形象是旅游者对区域内各种自然、社会经济等方面的旅游要素的综合感知和印象[②]。邓明艳(2004)认为,旅游目的地形象是从客体的角度出发,是地脉、文脉、社会心理、民俗风情共同构成形象的内容,认为良好的、独特的旅游目的地形象可以明显提高游客来此地旅游的兴趣和意愿[③]。廖卫华(2005)认为旅游地形象,包括游客对旅游目的地所有旅游要素的宏观印象和具体感知[④]。

虽然研究者们对旅游目的地形象的概念持有不同观点,但是他们普遍认可旅游目的地形象指的是旅游目的地在旅游者心目中的形象,而不是营销者所构建的形象。因此,旅游目的地营销的工作重点,一方面要从正面积极地宣传旅游目的地,另一方面要减少那些有可能让旅游者产生负面影响的因素,从而在旅游者心目中树立起旅游目的地良好的、独特的形象。结合上述研究,本书将旅游目的地形象定义为旅游者对一个旅游目的地的总体印象,这种印象来自旅游者对一个旅游目的地的自然环境、人文环境以及相关旅游设施以及服务的整体感知和经历。

4. 旅游目的地品牌

20世纪90年代以来,旅游目的地之间的竞争日益加剧,不少世界著名的旅游目的地,为了获得竞争优势,保持和扩大旅游市场份额,如新西兰、美国、瑞

---

① 李蕾蕾. 旅游点形象定位初探——兼析深圳景点旅游形象[J]. 旅游学刊,1995(3):90-93.

② 张建忠. 旅游区形象建设的初步研究[J]. 泰安师范高等专科学校学报,1997(2):134-137.

③ 邓明艳. 峨眉山旅游形象定位的探讨[J]. 西南民族大学学报(人文社科版),2004(04):177-179.

④ 廖卫华. 旅游地形象构成与测量方法[J]. 江苏商论,2005(01):140-142.

士、澳大利亚等国家,都在大力开展旅游目的地品牌化的相关工作。在实践领域,旅游目的地品牌化已经成为旅游目的地营销的最为重要的内容。在研究领域,关于旅游目的地品牌化的研究也成为旅游目的地营销研究中的一个新的热点①。

Aaker(2012)认为品牌是用以识别一个或一群卖方的产品或服务并且能够将这些产品或服务与竞争者区别开来的名称和符号(如标志、商标或包装设计)。Ritchie认为,旅游目的地品牌是指能够对旅游目的地进行识别和差异化营销的一个名称、符号、标志、商标或其他图形,既能传达旅游目的地特有并值得回忆的体验,又能巩固和加强旅游者对旅游目的地愉快体验的整体回忆。

C. Blain(2005)提出"目的地品牌化是一系列市场营销活动,具有4个方面的主要目标:一是支持创造旨在识别并使目的地差异化的名称、符号、标识、文字或图形标志等;二是一致地传达对与目的地独特相连的、值得记忆的旅游体验的期望;三是巩固和强化旅游者与目的地之间的情感联系;四是降低消费者的搜寻成本和感知风险。这些活动旨在共同创造出能够对消费者目的地选择行为产生积极影响的目的地形象"②。这一概念认为旅游目的地品牌化的实质,是一系列的市场营销活动,其最终目的在于塑造积极的、独特的旅游目的地形象。

国内一些学者从旅游目的地品牌构成要素的角度,对旅游目的地品牌概念进行界定。梁明珠(2004)认为,旅游目的地品牌的构成除了目的地名称、术语、标记、符号、图案及其组合外,还应包括质量、服务、管理、文化、广告、形象等六大基本要素③。冷志明(2005)认为,旅游目的地品牌是对目的地历史文化、人文景观、民族风情等要素的社会认同度和接受度的一种最具典型意义的称谓,它是一种文化力和巨大的无形资产④。

国内研究成果中,不少学者混淆了旅游目的地品牌和旅游目的地形象这两

---

① 吴小天. 国外旅游目的地品牌化研究回顾与展望[J]. 旅游科学,2014(8):15-18.
② BLAIN C,LEVY S E,RITCHIE J R B. Destination branding:insights and practices from destination management organizations[J]. Journal of Travel Research,2005,43(4):328-338.
③ 梁明珠. 广深珠区域旅游品牌与旅游形象辨析[J]. 江苏商论,2004(6):124-126.
④ 冷志明. 旅游目的地品牌研究[J]. 边疆经济与文化,2005(12):1-4.

个概念。从某种角度来看,旅游目的地品牌也是指旅游目的地在旅游者心目中的形象,旅游目的地品牌的形成过程也是旅游目的地树立形象的过程,两者密不可分。但是,旅游目的地形象不能简单地等同于旅游目的地品牌,二者的区别在于:①旅游目的地品牌是具体的、统一的,而旅游目的地形象是抽象的、分散的;②旅游目的地品牌是营销者主动开发的,而旅游目的地形象是旅游目的地在旅游者心目中的形象①。

5. 旅游目的地营销组织

旅游目的地营销组织是负责某个特定旅游目的地市场营销活动的组织②。在世界范围内,几乎所有的旅游目的地都设有旅游目的地管理机构,以及与政府旅游管理组织合为一体的或相对独立运作的旅游目的地营销组织。在此,统一简称为"DMO"。在中国,各级政府旅游局承担了相关职能。

依据资金来源的不同,DMO 有四种主要经营模式。一是政府代理机构。政府代理机构形式简单,直接由政府或者当地政府管理。大多数政府代理机构都有一定的预算分配,并为实现政府政策的期望而展开各种营销活动。该模式通常是欧洲、拉丁美洲及亚洲国家的首选。二是政府资助型非营利性组织。该组织是一个独立的经营实体,能够自由掌控自己的资源。该模式常见于美国和加拿大。以美国为例,美国的政府资助型非营利性组织通常能够从服务提供者(如饭店)所征收的地方性游客税中得到一定的份额,一些地方还会向其他服务性行业如汽车租赁行业征税。三是双资型非营利性组织。此类型的 DMO 除了能够从地方政府拿到资金,还可以从地方服务提供者处收取捐款和会员费。四是会员型行业协会。在一些比较小的旅游目的地,没有特定的政府组织来负责旅游目的地的营销。通常会出现一些企业联盟,以行业协会的形式来承担旅游目的地营销③。

---

① 李树民,支喻,邵金萍. 论旅游地品牌概念的确立及设计构建[J]. 西北大学学报(哲学社会科学版),2002(8):35-37.

② Youcheng Wang, Abraham Pizam. 目的地市场营销与管理:理论与实践[M]. 张朝枝,郑艳芬,译. 北京:中国旅游出版社,2014:221-223.

③ Youcheng Wang, Abraham Pizam. 目的地市场营销与管理:理论与实践[M]. 张朝枝,郑艳芬,译. 北京:中国旅游出版社,2014:231-234.

自 20 世纪末到 21 世纪初，DMO 主要经历了三个发展阶段，如表 2-3 所示，每个阶段都伴随着旅行、旅游、会议和饭店业的广泛变革而进入下一个阶段。在每一个阶段中，DMO 的角色定位以及职能都会发生变革，影响这一变革的核心驱动因素有消费者、竞争者、经济、技术、社会、政治、法律以及地理环境的发展。

表 2-3 旅游目的地营销/管理组织职能的发展变迁

时间	角色定位	职能
20 世纪中期	展会追逐者（为有会议设施的目的地带来会议与会展项目）	助推器加强目的地形象建设，推动未来经济发展，提供包括住宿和餐饮的零售服务
20 世纪中期到晚期	旅游推动者（会议、会展、休闲与商务旅游的促销与销售）	促销员与推销员促销有效的旅游目的地产品、填补会展中心、充盈酒店客房、创造税收收入、创造就业与收入
20 世纪晚期到 21 世纪初期	准市场营销商（使游客意识到目的地商务和休闲旅游产品/服务，并说服他们来访）	分析师与宣传员识别游客需要，并将它们传达给旅游企业，由它们向游客生产、定价和分销，向休闲与商务游客促销和销售产品
目前	旅游品牌管理者（塑造旅游目的地的理想形象，使其在游客心目中差异化）	精华提炼者用有吸引力的、有意义的且让人信服的方式选择与融合目的地各种有形与无形的特性，从而使目的地旅游产品/服务差异化
中远期	旅游目的地管理者（领导旅游目的地的规划、营销与管理）社区品牌管理者（为整个社区在塑造理想形象过程中发挥主导作用）	决策者辨别游客需求，研究当前和未来趋势，进行旅游目的地总体规划，协调旅游企业新产品及当前产品的生产、定价和分销，监测游客满意度，开展旅游从业人员培训与教育

资料来源：Youcheng Wang, Abraham Pizam. 目的地市场营销与管理：理论与实践[M]. 张朝枝，郑艳芬，译. 北京：中国旅游出版社，2014.

2.1.2 旅游目的地营销的内容

伦德伯格（Lundberg）认为，旅游目的地营销包含三个方面的内容：第一，确定旅游目的地能够向目标市场提供的产品及其总体形象；第二，确定对该旅游目的地具有出游力的目标市场；第三，确定能使目标市场信任并抵达该目的地的最佳途径。

蒋满元(2008)认为旅游目的地的营销主要包括：一是选择并促销旅游目的地的总体形象；二是对具有全局性影响的战略性旅游产品进行管理和促销；三是组织并管理重大的节事活动。由于上述三方面内容既对旅游目的地的发展具有重要的战略意义，同时其作为公共产品本质上又包含了旅游链中的"行、游、食、住、购、娱"等各个环节；由于上述三方面内容的有效实施既能涉及旅游目的地范围内的各个旅游企业甚至是所在地居民的利益，同时上述内容的实现又非某一个或几个旅游企业所能承担，因而旅游目的地营销的主体就只能是能代表该地区旅游业总体发展利益的政府或是由相关政府委托的相关机构和部门[①]。

2.1.3 旅游目的地营销的对象

菲利普·科特勒认为"市场营销是一种社会个人和团体通过为他人创造产品和价值，并进行交换以满足其需求和欲望的社会过程和管理过程"。在科特勒界定的十种营销对象中包括地点(place)，他认为"地点包括城市、州、地区和整个国家，它们都在积极地吸引游客、工厂、公司总部和新居民"。

依据科特勒的观点，本研究认为旅游目的地营销应该属于地点营销的范畴。与一般的产品和服务的市场营销不同，旅游目的地营销的对象是旅游目的地本身，具体包含旅游目的地的各种吸引物、设施及服务。

2.1.4 旅游目的地营销的目的

Ritchie 和 Crouch(2003)提出，从理论上讲，与所有其他的旅游工作一样，旅游目的地营销的终极任务和目的在于打造和提升该旅游目的地的竞争力[②]。旅游目的地之间的竞争，其实质是面对竞争对手，旅游目的地采取一定的策略促使游客购买其旅游产品的活动。旅游目的地的竞争力是旅游目的地吸引游客并赋予其满意的旅游体验，实现旅游目的地利益相关者的利益诉求，维持当地相关资源可持续利用的能力[③]。

---

① 蒋满元.旅游目的地营销体系构建中的政府行为选择分析[J].华东经济管理,2008(6):56-58.
② 李天元,曲颖.旅游市场营销学[M].北京:中国人民大学出版社,2013:300-302.
③ 吴小天,李天元.旅游目的地竞争力的内涵辨析及概念模型构建——语言、逻辑和认识论的视角[J].旅游科学,2013(6):18-26.

李天元(2013)认为旅游市场营销是旅游企业和旅游目的地在自身发展目标的驱动下,借以实现比竞争者更为有效地识别、适应和满足消费者市场需要的管理过程。虽然他没有直接对旅游目的地营销的概念进行界定,但是,他指出了旅游目的地营销的基本任务和直接目的。他认为从现实意义上讲,旅游目的地营销工作的基本任务和直接目的在于两点:一是保持旅游目的地现有的客源市场;二是积极为旅游目的地开拓和争取新的客源市场。

2.1.5 旅游目的地营销的主体

旅游目的地营销的主体是谁?关于这一个问题,研究者们的观点与实践中的结论有显著的不同。例如:Middleton(1988)认为旅游目的地营销工作体系涉及两个层面,一是旅游目的地营销组织层面,二是旅游目的地的旅游企业层面。理想的旅游目的地营销是旅游目的地营销组织与旅游企业之间能够有计划地实现合作、协调与衔接,从而步调一致地面向目标客源市场宣传和推销旅游目的地。

在实际的旅游目的地营销中,起主导作用的营销主体通常是旅游目的地的旅游管理组织。那些世界著名的旅游目的地,很大程度受益于旅游目的地营销组织机制的系统和有效的营销策略,例如澳大利亚的旅游目的地推广,通常是由大型正规的、官方主导的市场营销,即由具有一定影响和认可度的营销代表机构组织进行,同时也有不定期、民间的促销活动,由旅游目的地利益相关者通过举办节事活动的形式组织进行[1]。国内也有一些有关旅游目的地营销主体的研究。如朱孔山(2010)从旅游目的地公共营销的视角,对旅游目的地公共营销组织中政府、企业、第三方部门与社区居民等主体的职能和地位进行了研究[2]。

在国内的旅游目的地营销实践中,以旅游目的地为主的市场营销,近些年开始逐渐被地方旅游部门认可和关注。随着旅游业在地方发展中的带动作用逐渐被认知,各个地方政府开始越来越重视旅游目的地营销工作,在旅游目的

---

[1] 王琢,丁培毅.黄金海岸旅游目的地营销经验谈[J].旅游学刊,2009(5):45-47.
[2] 朱孔山,高秀英.旅游目的地公共营销组织整合与构建[J].东岳论丛,2010(8):129-133.

地营销中的投入也越来越大。目前,我国的旅游目的地营销模式大多是政府主导型的旅游线路和旅游产品营销,即以各层旅游管理部门(旅游局)、旅游行业协会牵头,大中型旅游企业如宾馆、饭店、旅行社和景区共同参与,营销内容以旅游经典线路或产品推介为主的模式①。

2.2 政府职能与政府行为

2.2.1 政府职能

1. 政府职能的内涵

政府的概念有广义和狭义之分,相应地,政府职能也有广义和狭义之分。广义的政府职能涵盖立法机关、行政机关、司法机关承担的职责和功能。狭义的政府职能仅指行政职能,即行政机关承担的职责和功能。政府职能由政治权利主体赋予,因其公权力主体地位而产生,其目的涉及和平、安全、公平、效率、公众福利、解决市场失灵等。从不同的角度出发,政府职能可划分为若干子职能:从职能领域来看,可划分为政治职能、经济职能、社会职能、文化职能、生态保护职能等;从职能属性来看,可划分为统治职能、保卫职能、服务职能、管理职能等;从职能性质来看,可划分为立法职能、行政职能、司法职能、检察监督职能等;从职能方式来看,可划分为计划职能、协调职能、指导职能、监督职能、沟通职能、控制职能等②。世界银行在其1997年的世界发展报告中曾对政府职能做过全面、系统的归纳,如图2-2所示。

政府行使的是公共权力,满足公共需要,解决公共问题,实现公共利益。政府职能具有公共性、普遍性、非营利性、强制性、动态性等特点。政府职能涉及经济社会的各个领域,不以营利为目的,同时拥有合法的强制性权力,客观上会随着经济发展、社会进步而发生变化,主观上会随着人们的认识变化而发生变化。在研究领域,人们对于政府的基本职能已形成普遍共识,但对于可选择职能以及如何履行职能,则见仁见智,在职能边界(政府、社会和市场三者的关系)、

---

① 王琢,丁培毅. 黄金海岸旅游目的地营销经验谈[J]. 旅游学刊,2009(5):45-47.
② 余钧. 地方政府职能转变的动力机制及实现路径[D]. 杭州:浙江大学,2016:101-102.

	解决市场失灵			促进公平
小职能	提供纯公共产品： 国防 法律和秩序 产权 宏观经济管理 公共卫生			保护穷人： 反贫困计划 灾难援助
中间职能	解决外部性： 基础教育 环境保护	调节垄断： 公共事业管制 反垄断政策	克服不完全信息： 保险（健康、人寿、养老） 金融管制 消费者保护	提供社会保险： 重新分配养老金 家庭津贴 失业保险
积极职能	协调私人活动： 市场培育 集群发展			再分配： 资产再分配

图 2-2 政府职能

职能结构（不同职能的关系、重要性）、职能方式（履行职能的手段和方法）等方面都存在一些分歧。虽然政府活动的范围和形式存在一定的争议，但是政府在现代经济社会生活中的重要地位不会动摇。

2. 政府职能与旅游管理

世界旅游组织第十一届会议曾就国家旅游组织（NTO）的作用达成共识。会议认为，NTO 的作用经历了三个阶段：一是在旅游业发展初期，NTO 承担"开拓者"的角色，其工作重心是投资基础设施、拟定旅游业发展战略和规划；二是在旅游业逐步兴起乃至蓬勃发展时期，NTO 承担"规范者"的角色，主要进行立法和规范的工作，保证行业良性发展；三是在旅游业逐步走向成熟时，NTO 承担"协调者"的角色，用各种方法鼓励企业发展，保护消费者利益，重心工作是协调各方面的关系。世界旅游组织的研究还指出，一国政府在发展旅游业的过程中，至少应担负立法、规划、协调和投资等四方面的职能。

国外学者研究的内容，主要集中在政府在编制旅游规划方面的职能、政府在旅游发展中统筹协调的职能以及宣传营销等方面的职能。第一，有关政府在编制旅游规划方面职能的研究。如：B. Bramwell 和 A. Sharman（1999）强调政府应该高度重视编制旅游规划决策过程中各部门之间的合作[1]。Alvaro Matias（2007）提出产业集群概念，政府应做好规划并应引导各行业合作，促进旅游业发展[2]。第二，有关政府统筹协调旅游业发展方面的职能研究。伦纳德·J.利克里什等（2002）指出了大多数国家在发展旅游方面存在的一个普遍现象，即政府是干预经济发展的无形之手，主要起到统筹和推动作用，在发展中国家，政府的手段将更活跃和强烈[3]。Akama（2015）认为，政府在旅游业中所起的作用主要是组织协调，平衡各个利益主体的关系，政府要统筹全局发展，还要提供各项旅游发展的公共产品，监管旅游业的所有参与者，确保旅游资源与文物遗产的安全[4]。第三，有关政府在旅游宣传营销方面职能方面的研究。Peter Kendell（1987）认为政府应该重视旅游营销，应该采取措施提升宣传营销的效果[5]。阿拉斯泰尔·M.莫里森（2012）认为面对旅游市场的快速发展，需要政府借助各职能部门、各行各业的力量，优化旅游资源配置、加强沟通协调，从而促进各旅游目的地的宣传营销[6]。

近年来，国内也出现了一批有关政府在旅游业发展中的职能的研究，这些研究主要集中在两个方面。第一，全域旅游中政府职能的研究。如：侯志强等（2018）认为，全域旅游追求区域全方位和系统化的提升，政府主要在产业融合发展、制定政策法规、保护生态环境等方面发挥作用[7]。王德刚（2016）认为发展全域旅游要落实政府部门的主体责任，主要有编制旅游发展规划、设立旅游

---

[1] BRAMWELL B, SHARMAN A. Collaboration in local tourism policy making[J]. Annals of Tourism Research, 1999, 26(2): 392–415.

[2] MATIAS A, NIJKAMP P, NETO P. Advances in modern tourism research: economic perspectives[M]. Heidelberg: Physica-Verlag HD, 2007: 10.

[3] 利克里什, 詹金斯. 旅游学通论[M]. 北京: 中国旅游出版社, 2002: 30.

[4] AKAMA J S. Tourism development in Kenyar: problems and policy alternatives[J]. Progress in Tourism & Hospitality, 2015, 3(2): 95–105.

[5] KENDELL P. Economic aspects[J]. Tourism Management, 1987, 8(2): 140–142.

[6] 莫里森. 旅游服务业市场营销[M]. 北京: 中国人民大学出版社, 2012: 44.

[7] 侯志强, 樊玲玲. 全域旅游视角下的旅游目的地发展路径——以福建省为例[J]. 开发研究, 2018(01): 76–80.

管理机构及在市场监管中发挥主导作用等①。张丽萍(2016)指出,在全域旅游发展中,政府应该起主导作用,主要包括决策、调控、营销等三大主导作用②。第二,有关乡村旅游中政府职能的研究。对于政府在乡村旅游发展中担负的职能,国内学者观点基本一致。大家普遍认为我国乡村旅游发展过程中需要政府进行调控和引导,以及乡村旅游发展中政府在旅游规划设计、基础设施建设、宣传营销、服务保障、监督管理等职能的重要作用。如:张洪(2008)提出发展我国乡村旅游,政府的职能和作用不能忽视。政府履行的职能重心应随着乡村旅游发展阶段的变化而变化,在乡村旅游的初始阶段、成长阶段和成熟阶段,依次发挥好开拓者、规范者和协调者的作用③。芬杏娟(2005)在研究承德市旅游发展中认为,在承德市政府主导旅游业的发展中,政府在职能作用方面主要扮演推动、规划、管理和监督、旅游信息推广和宣传促销、实施科教兴旅等角色④。黄蓉等(2006)认为我国的乡村旅游必须依靠政府的力量,在研究分析台湾成功经验的基础上,提出政府的职能主要体现在协调、引导、宣传、培训以及立法等方面⑤。

2.2.2 政府行为

1. 政府行为的内涵

政府行为指的是"政府通过运用各种手段,为履行推动社会发展和实现国家利益而依法对国家和社会公共事务进行管理时应承担的职责和所采取的行动,主要包括组织协调行为、指导控制行为和服务行为等。政府职能是政府行为的内在依据,政府行为是政府职能的具体体现⑥"。

---

① 王德刚.发展全域旅游要依法落实政府主体职责[N].中国旅游报,2016-05-06(003).

② 张丽萍.全域旅游发展中政府主导作用解析[J].现代商贸工业,2016,37(32):126-128.

③ 张洪.我国乡村旅游发展中的政府职能定位[J].经济管理,2008(17):32.

④ 芬杏娟.旅游发展中的政府主导角色——就承德市旅游发展现状对政府主导角色做一讨论[M].承德职业学院学报,2005(3):37-50.

⑤ 黄蓉,汪胜华.论政府在乡村旅游发展中的主要职能[J].商场现代化,2006(9):50-54.

⑥ 陈漭,许斌.社会自治与政府职能的转变[M].北京:中国社会出版社,2005:217-221.

为了保证经济的正常增长,解决经济发展中存在的问题,政府通常利用三种调控手段,实现协调经济的职能。一是采用宏观调控手段。宏观调控手段是政府实现经济职能的主要措施,它的调节方式和调节内容具有多样性与复杂性。通常情况下,政府通过财政调节和货币金融调节两大杠杆进行宏观调节。财政是国家生存的经济支柱,它可以调节各种经济关系,保证再生产的顺利进行,干预整个国家的经济运行。财政收入通过税收关系调节国家经济运行,增加税收可以增加国家财政收入,减少税收能够给企业让利,调动企业的生产积极性,刺激经济的发展。同时,税收还可以影响人们的消费、储蓄和投资行为,进而影响社会产品的供求关系。二是采用法律手段。法律是民主法治国家调控经济的主要措施之一,法律不仅可以约束企业的经济行为,还可以调节居民货币收入差距,如企业法、公司法使企业有章可循、有法可依、依法行事,税法可以调节社会、企业和个人之间的经济关系。三是采用行政手段。行政手段是国家凭借行政权力,通过颁布行政命令,制定政策、措施等形式,对商业经济活动进行宏观调控或干预的方式或方法。行政手段也是政府惯常采用的干预经济活动的方式,如工商局的检查、税务的查税、政府的行政指令等。

2. 政府行为模式的分类

根据政府履行政府职能时对宏观调控手段、法律手段和行政手段的侧重程度,政府的行为模式可以分为引导型政府行为模式、法律型政府行为模式和集权型政府行为模式三种,如图2-3所示:

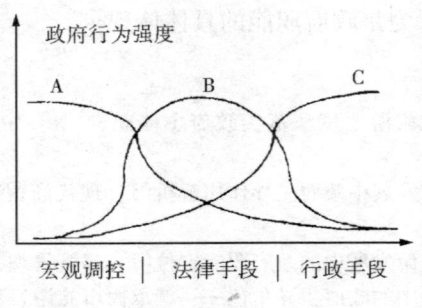

图2-3 政府行为模式

(1) 引导型政府行为模式

采用引导型政府行为模式调控国家经济运行,主要依靠宏观调控手段,较少或者不采用行政手段。随着经济环境和经济条件的变化,采取不同的财经政策和货币金融政策调节经济运行。在经济运行出现问题的时候,辅之以法律手段,协助宏观调控,将经济引入正轨。

(2)法律型政府行为模式

法律型政府行为模式,是通过健全的法制保障社会和社会经济秩序化运行。这种模式对经济的影响具有长期性、稳定性和有效性,把社会、企业和个人的经济关系通过制度的形式确定下来,进而保持经济政策的连续性。由于这种模式缺乏灵活性和应变性,在现实社会经济中,纯粹依靠法律手段显然是不够的。如果经济形势和经济条件发生变化,依靠现有法律效果不佳时,可以灵活地采用宏观调控手段调节经济。

(3)集权型政府行为模式

集权型政府行为模式较多地采用行政手段和计划手段干预经济,适度运用法律手段,较少运用宏观调控手段。该模式的主要特点是高度集权、微观缺乏经济决策权。

3. 政府行为与旅游管理

近年来,不少国内学者开始关注乡村旅游发展中的政府行为问题,也出现了一批研究成果。如:陈浩亮(2010)以广州市番禺区为例,研究探讨乡村旅游中的政府行为模式。蓝中健(2013)将福建省上杭县的乡村旅游发展作为研究对象,研究分析了该地区乡村旅游的发展现状并提出政府在促进该地区乡村旅游发展中所存在的缺陷和面临的问题,而且提出了优化政府行为的具体措施[①]。佟玉权(2013)以民俗旅游节庆开发为例,指出各级政府要转换角色,正确发挥民俗旅游节庆开发中的政府作用,维护社区居民的主体地位[②]。傅蜀采(2017)运用文献分析法对武隆区乡村旅游发展中的政府行为进行定位,再结合调查研究法对武隆区乡村旅游发展中的政府行为进行分析,指出政府的积极行为表现和行为失当表现及带来的影响,剖析行为失当的原因,最后综合运用比较分析

---

① 蓝中健. 乡村旅游发展政府行为研究——以上杭县为例[D]. 福州:福建农林大学,2013:24 - 25.

② 佟玉权,孙欢. "搭台"抑或"唱戏"——论民俗旅游节庆开发中的政府角色[J]. 大连海事大学学报(社会科学版),2013,12(6):49 - 52.

法、理论分析与实践相结合法,通过借鉴国内乡村旅游发展中的政府行为成功经验,提出优化武隆区乡村旅游发展中的政府行为的对策建议①。

2.3 相关理论基础

2.3.1 系统理论

1. 系统思想的发展

"系统"是人类在对客观世界的认识过程中,对认知对象各个部分及部分之间相互关联的认识。"系统思想"古已有之,源远流长,它的发展大致分为古代朴素的系统思想、近代系统思想和现代系统思想三个阶段。一是古代朴素的系统思想。这一阶段人们对世界的认识是基于以往经验的总结,是朴素的,也是不断变化的。古代朴素的系统思想源自古希腊时期,"世界整体是由若干个部分组成,而并非简单的堆集",这句古希腊学者亚里士多德曾提出的名言揭示了事物非简单相加的整体性特征。在这方面,我国《周易》和《老子》也反映了这样对世界的认知,其中《周易》"六十四卦"和"五行论"认为世界是一个由若干个部分和要素组成的整体,这反映了我国古代对世界的认识程度。《老子》中的宇宙演化思想,反映我国古代不仅认识到世界具有统一性的特征,而且具有动态性的特征。二是近代系统思想。这一阶段人们对世界的认识从经验总结上升到哲学认识的层面,并且开始把系统思想方法运用于社会科学研究之中。在机械论和还原论占据了主导地位的近代社会,德国古典哲学家康德的系统思想主要出现于文艺复兴时期。德国古典哲学家康德认为宇宙具有层次性的特征,并认为宇宙是由一些相互联系和相互作用的部分和要素组成的整体。黑格尔在德国古典哲学家康德的系统哲学思想基础上,运用系统方法建构完整的精神现象学、逻辑学和应用逻辑学等哲学体系。马克思将系统方法运用于社会历史研究中,进一步扩大了系统思想的运用范围。三是现代系统思想。随着现代科学技术和社会的发展,传统的方法不再适用,系统思想迅速发展。作为一门科学的系统论,人们公认是美籍奥地利学者冯·贝塔朗菲(L. Von. Bertalanffy)创

---

① 傅蜀采.重庆市武隆区乡村旅游发展中的政府行为研究[D].重庆:西南大学,2017:34.

立的。20世纪20年代,他提出"复杂现象大于因果链的独立属性和简单总和"的系统思想,1932年提出"开放系统理论",1937年第一次建立了一般系统理论,奠定这门科学的理论基础。1945年他的著作《关于一般系统论》公开发表,该书界定了系统的概念和特征,认为系统具有整体性、多要素性、多结构性和动态开放性等特征。系统思想开始得到学术界的重视,越来越多的学者开始认识和关注系统思想和方法。系统思想和方法广泛运用于自然科学领域、工程技术领域和社会科学领域等。与此同时,控制论和信息论等理论的提出,极大地推动了系统思想和方法的发展。协同论、混沌理论、耗散结构、突变论和超循环理论等系列新理论的提出,将系统思想和方法上升到了一个新的高度,从对单一稳定系统的研究延伸至对非线性系统的自组织演化的研究(张蓓,2009)。

2. 系统的基本性质

(1) 系统的结构

系统的结构是指在系统内部各要素之间相互作用的内在方式总和。也就是说,系统内部由很多要素组成,而各个要素又作为子系统包含很多要素。不同系统包含的要素存在较大的差异,但是不同系统所具有的关系组合是大致相同的,一般包含四种关系组合,即要素之间的横向关系、要素与系统之间的纵向关系、系统与外部环境的关系和其他关系,这些要素以及关系组合共同构成一个相对完整的系统。在系统内部各要素既定的条件下,通过调整系统的关系组合可以提升整个系统功能。

(2) 系统的功能

系统的功能反映了系统与外部环境之间的相互联系和相互作用,在某一特定环境,通过系统内部各要素之间的相互联系和相互作用,处理从外界环境输入到系统内部的系统行为,与此同时,由此从系统内部向外界环境输出相应的系统行为。任何复杂的系统都有自己特定的系统功能,系统功能是与系统内部的要素、结构和环境三者密切相关的,所以,调节系统功能可以对系统内部的要素、结构和环境三者之中任何一个或者多个因素进行改变。选择合适的系统功能,必须要选择合适性能的要素、最佳的结构和创造适当的环境条件。

(3) 系统的环境

系统的环境是指系统之外一切与其具有不可忽略的联系的事物集合。任何系统都是在一定的环境中产生、发展和变化的,也就是说,任何系统都存在于一定的外部环境之中,外部环境的性质和特征将影响着系统的结构和功能的发展、变化。对系统进行研究时,必须对系统与外部环境进行划分,而在进行系统研究时,必须考虑系统与外部环境的划分,用以区分系统与外部环境(或系统)的本质不同和系统所包含的要素的界限,也就是系统与外部环境的分界面称为系统边界。系统边界是客观存在的,同时系统边界的划分标准又是相对的。系统的边界一方面规定了系统内各要素之间特有的关联作用所能达到的最大范围,另一方面也关系到系统中的各种构成是否起作用(王旭科,2008)。

3. 旅游系统理论在旅游研究中的运用

旅游也是一个复杂的系统,目前对旅游系统的研究既有研究旅游业系统、旅游活动系统的,也有研究旅游地域系统、地域游憩系统的,还有研究旅游吸引系统、旅游功能系统的。Gunn最早提出旅游功能系统,他认为旅游功能系统由供给和需求两部分组成,在旅游功能系统中,旅游吸引物、服务设施、交通、信息与引导和旅游者等要素相互联系和相互作用。刘锋认为旅游系统包括旅游地域系统和旅游功能系统,其中旅游地域系统是旅游客源地与旅游目的地之间形成的空间系统,旅游功能系统包括客源市场、目的地、旅游支持和出游等四个子系统[1]。吴必虎认为旅游系统是由旅游客源地、旅游目的地、旅游支持和出游系统组成的旅游活动系统[2]。吴晋峰认为旅游系统是指由客源地、目的地和旅游媒介等三部分组成的旅游活动系统[3]。

就乡村旅游目的地营销研究而言,旅游系统理论为乡村旅游目的地营销绩效评价提供了认识论基础和方法论基础,用系统的观点来看待乡村旅游目的地营销,用系统的方法来构建乡村旅游目的地营销评价体系。依据旅游系统理论,从整体角度,明确乡村旅游目的地营销系统的构成要素。旅游系统理论为乡村旅游目的地营销绩效评价提供了分析结构层次与综合的具体方法,确定乡村旅游目的地营销绩效评价的程序是一个系统程序。乡村旅游目的地营销评

---

[1] 刘峰.旅游系统规划——一种旅游规划新思路[J].地理学与国土研究,1999(1):56-60.
[2] 吴必虎.旅游系统:对旅游活动与旅游科学的一种解释[J].旅游学刊,1998:21-25.
[3] 吴晋峰,段骅.旅游系统与旅游规划[J].人文地理,2001(16):62-65.

价体系的构建与评价需得到旅游系统论反馈原理的指导，根据评价结果进行反馈，从而推动乡村旅游目的地营销系统的不断完善。

2.3.2 公共产品理论

1. 公共产品的内涵

根据公共经济学理论，社会产品分为公共产品和私人产品。萨缪尔森在《公共支出的纯理论》中指出，纯粹的公共产品或劳务是每个人消费这种物品或劳务不会导致别人对该种产品或劳务的减少。凡是可以由个别消费者所占有和享用，具有敌对性、排他性和可分性的产品就是私人产品。介于二者之间的产品称为准公共产品。

2. 公共产品的特征

公共产品或劳务具有三个特征。一是效用的不可分割性。私人产品可以被分割成许多可以买卖的单位，谁付款谁受益。公共产品是不可分割的，例如国防、外交、治安等。二是受益的非排他性。私人产品只有占有人可以消费，谁付款谁受益。然而，任何人消费公共产品不排除他人消费。三是消费的非竞争性。任何人对公共产品的消费不会影响其他人同时享用该公共产品的数量和质量。

3. 公共产品的供给方式

公共产品的供给方式主要有三种。一是公共生产。由公共部门生产出公共产品或劳务，然后，由公共部门向社会提供公共产品或劳务。公共提供，首先是指这些公共产品是由公共部门供给的，其次以不收费的方式来提供公共产品。纯公共产品，是指主要采用公共生产和公共提供方式来供给的公共劳务或服务。二是私人生产。公共产品并不一定都要由公共部门生产，有时候由政府购入私人产品，然后向市场提供。三是混合提供。通常情况下，公共产品应当由公共部门来提供。然而，有些准公共产品，尤其是在性质上接近于私人产品的准公共产品在向社会提供过程中，为了平衡获益者与非获益者的负担，提高资源的使用效益，政府往往采取类似于市场产品的供应方式，即按某种价格标准向消费者收费供应。这样，消费者必须通过付款才能获得消费权。例如自来水、电、煤气等，都是采取收费方式供给。但是，由于混合供给方式包含了政府的政策因素,它与市场供给的私人产品,在性质和管理上是有很大区别的。

在上述三种公共产品生产方式中,前两种采用的是公共提供方式,第三种采用的是混合提供方式,这两者的区别在于由谁来付款。公共产品无论是采用公共生产、公共提供,还是采用私人生产,公共提供方式,其结果是生产公共产品的费用完全由政府负担,亦即财政拨款。公共产品若是采用混合提供的方式,则其生产成本将由政府和受益的企业或个人共同分担。

就乡村旅游目的地营销研究而言,借助公共产品理论可以明确乡村旅游目的地营销产生的产品和服务的经济属性,从而推导出乡村旅游目的地营销的主体。

2.3.3 旅游地生命周期理论

旅游经济发展可以带动地区经济的发展,而旅游地本身的发展又受制于客观生命周期。很多学者的大量研究实践和旅游地的开发规划实践都对旅游地的生命周期的本质进行了深刻的揭示,认为旅游地的生命周期是一种客观现象,旅游地的生命周期的本质就是旅游地的旅游产品的生命周期。打破旅游地生命周期的"宿命",一方面旅游地必须做大做强主导旅游产品,另一方面必须对主导旅游产品更新换代。旅游地生命周期理论可以为我们研究乡村旅游的可持续性发展提供理论分析框架。

1. 巴特勒生命周期模型理论

"生命周期"一词最早出现在生物学领域中,用以描述某种生物从出现到灭亡的演化过程。20 世纪 60 年代德国著名地理学家克里斯泰勒(W. Christaller)对地中海沿岸乡村旅游演化过程进行研究,认为乡村旅游生命周期包括发现阶段、增长阶段和衰退阶段等三个阶段。斯坦思费尔德(C. Stansfield)(1978)对美国大西洋城旅游发展进行研究时也提出类似概念。系统地把市场学中生命周期概念引入旅游休假地研究的是加拿大旅游学家巴特勒(R. W. Butler)。他认为,旅游地发展的不同生命周期阶段具有不同的特点和规律,具体如下:一是探查阶段。这个阶段只是一小部分不喜欢旅游地商业化和具有冒险精神的旅游者的"早期探险"(exploration)。旅游地没有特别的旅游设施,游客较少,自然面貌和社会环境未被商业化。二是参与阶段。本地居民积极参与向消费者提供一些简陋的膳宿等休闲设施,同时加强旅游地的广告宣传,地方政府也对旅游地的设施与交通状况进行改善。由此,旅游者人数不断增多,也开始对旅游活动进行有组织的安排,旅游活动呈现有组织、有规律的特点。三是发展阶段。旅游者数量迅速增加,旅游地的广告宣传力度加大,外来投资骤增,大部分旅游经营从本地居民转向外来公司,规模大和现代化的旅游设施逐渐取代简陋膳宿等休闲设施,旅游地自然面貌和社会环境也开始改变。四是巩固阶段。旅游者总人数仍在增长,但增长速度相比发展阶段已经放慢。旅游地经济活动与旅游业紧密相连,旅游地功能分区明显,由于原有的自然面貌和社会环境得以改变,社会、经济和环境问题突出,本地居民对旅游地旅游业发展产生不满和反感。五是停滞阶段。旅游者人数已经达到相对饱和状态,旅游环境容量超载相关问题突出,旅游地原始的自然和文化资源被"人造设施"代替,旅游地良好形象受到影响,让旅游者感到不再是一个特别时髦的去处。六是衰落或复苏阶段。无论是旅游者的吸引范围,还是旅游者的数量,都处于不断减少的趋势。随着旅游地市场的衰落,房地产的转卖率较高,旅游设施大量消失,良好旅游地旅游设施对长住居民有着吸引力,因旅游者被新的度假地所吸引,致使本地雇员和居民购买旅游设施。原来的旅游地因为失去旅游功能,而变成名副其实的"旅游贫民窟"。另外,旅游地也可能进入复苏阶段,可以采取增加人造景观的途径,也可以开发尚未开发的自然旅游资源,重新启动市场。

2. 巴特勒生命周期模型理论研究综述

巴特勒提出的旅游地生命周期理论,引起很多学者对该理论的关注和研究。Gray. R. Hovinen(1981)对 Laneasterh 县的旅游地的生命周期进行研究,认为由于 Laneasterh 县具有良好区位和多种旅游资源,使 Laneasterh 县的旅游地的生命周期不符合巴特勒生命周期模型理论,具有较强的生命力。Gray. R. Hovinen(1982)认为 Laneasterh 县良好区位和多种旅游资源,以及规划的有效性影响着 Laneasterh 县的旅游地的生命周期。如何使停滞阶段的旅游地不至于衰落,而呈现复苏的可能性? Biggadike 认为可以通过开拓新的目标市场使旅游地呈现复苏的状态。L. Garee 和 Prell(1977)建议通过改变旅游产品的形式使旅游地呈现复苏的状态。Swan Rink(1982)认为通过在不同阶段应开发不同的旅游产品使旅游地呈现复苏的状态。Meyer Arendt(1985)运用巴特勒的旅游地生命周期理论分析 Grandxsle 旅游地生命周期,认为 Grandxsle 旅游地的居住模式、自然和人文环境以及思想观念影响着旅游地生命周期每一阶段的发展。Day(1986)认为影响旅游地生命周期的因素包括竞争公司竞争策略、旅游地可进入性、政府决策等,这些因素影响旅游地的发展程度。Cooper 和 Jackson(1989)以 Isle of Man 为例,认为旅游地生命周期为分析旅游地发展提供了非常好的理论分析工具,同时认为旅游地经营者决策和旅游地环境因素影响着旅游地生命周期。Debbage(1990)以 Paradise Island 为例研究巴特勒生命周期理论,认为旅游市场主要经营者的决策极大地影响旅游地的生命周期。Getz(1992)以尼亚加拉瀑布为例研究旅游地生命周期概念与旅游规划的潜在关系,认为尼亚加拉瀑布案例所反映出来的生命周期同巴特勒生命周期理论有不同之处。Benedetto 和 Bojanie(1993)研究政策因素和环境因素对 Cypress 花园生命周期的影响,认为政策因素和环境因素对旅游地有复苏效应。Haywood(1991)认为旅游目的地发展受旅游目的地吸引旅游者的能力、新旅游目的地的开发、旅游替代品、环境保护主义者的异议、交通商、旅行社、旅业老板的作用,游客的需求、观念、期待和对价格的敏感性,政府、立法机构等七个方面的影响,对旅游目的地的经营和规划功能持怀疑态度。Copper(1994)评价了旅游地生命周期理论,认为旅游地生命周期理论的应用可分为三个主要方面:一是解释模型,生命周期理论是一个合适的解释旅游地发展的模型;二是规划指导,生命周期理论为管理者提供旅游地发展的战略指导思想和旅游地不同阶段发展的不同影响因素;三是预测工具,生命周期理论为旅游地发展提供预测工具。

综上所述,国外学者运用具体的案例研究巴特勒的生命周期理论,都认可旅游地的发展存在着生命周期,并且得出如下结论:所运用具体的案例都处于生命周期的某一阶段;所运用具体的案例处于生命周期某一阶段的原因以及影响巴特勒曲线向上发展的诸干扰因素;生命周期理论的有效性;生命周期理论的运用潜力。国外学者在研究中将生命周期理论作为一种研究工具,认为巴特勒的生命周期理论是有效率的和实用的。

国内对巴特勒生命周期理论的研究起步较晚,在大量的具体案例研究中,巴特勒生命周期理论并未得到充分利用,或者根本未将巴特勒生命周期理论作为一个理论分析工具加以运用,大量的具体案例研究都缺乏有效的理论支撑。

张文(1990)在《对旅游区生命周期问题的看法》中最早讨论旅游区生命周期问题。保继刚等(1993)在教材《旅游地理学》中首次向国内介绍巴特勒生命周期理论,并将巴特勒生命周期理论运用于广东丹霞山开发。谢彦君(1995)从需求、效应和环境等三个方面分析旅游地生命周期的控制和调整途径。保继刚(1995)对喀斯特洞穴旅游生命周期特点进行研究,同时还研究主题公园的生命周期特征。1996年杨森林发表的《"旅游产品生命周期论"质疑》引发对生命周期理论的探讨,余书炜(1997)、李舟(1997)和许春晓等对生命周期理论进行了讨论。陆林(1997)对黄山、九华山旅游地生命周期进行研究,认为黄山、九华山正处于发展阶段,已经历旅游地生命周期的探查阶段和参与阶段。

3. 巴特勒旅游地生命周期模型理论评价

旅游业对社会经济文化发展有着巨大的作用,巴特勒生命周期模型理论对旅游地的发展趋势和生命周期做出了合理的解释。根据学者的研究结论,巴特勒旅游地生命周期模型理论对于旅游业的发展和研究的作用主要包括如下:一是决策指导,在旅游地发展的不同阶段,旅游地发展的市场应对策略是不同的,可以运用巴特勒旅游地生命周期模型理论分析旅游地所处的发展阶段,探析旅游地所处发展阶段的主要限制因素,评估旅游地的发展态势,并提出具有有效性的市场决策。如在旅游地的停滞阶段和衰落阶段,可以采取增加人造景观的途径,也可以开发尚未开发的自然旅游资源,重新启动市场,使旅游地取得进一步发展。二是预测工具,运用巴特勒旅游地生命周期模型理论,以不同阶段的旅游者类型、投资规模、市场演变、接待设施能力、游客量数据等作为支撑,可以对旅游地未来的发展趋势做出预测。三是描述工具,运用巴特勒旅游地生命周期模型理论作为预测工具,作为发展分析和市场演化的描述工具,巴特勒旅游地生命周期模型理论的"S"曲线发展模型可以用于检测特定旅游地的演进过程。

巴特勒旅游地生命周期理论的缺陷性。巴特勒旅游地生命周期理论为我们研究旅游地的发展趋势提供了一个理论分析框架,但是运用同一理论模型研究不同的旅游产品和旅游地,显然存在一定的缺陷性。因为不同的旅游产品和旅游地有着其独特性,影响其发展的因素会不同,比如主题公园类型旅游地不会经历巴特勒旅游地生命周期理论所描述的探查、参与和巩固三个阶段,直接到达生命周期的顶峰,然后慢慢进入衰落阶段。所以,在特定旅游地的发展研究中,要针对不同旅游产品和旅游地的特点运用巴特勒旅游地生命周期理论。

就乡村旅游目的地营销研究而言,借助旅游地生命周期理论一方面有助于提高乡村旅游目的地营销评价的针对性和有效性,处于不同旅游生命周期阶段的乡村旅游旅游目的地其旅游营销绩效评价的重点也应该不同;另一方面,依据乡村旅游目的地所处的生命周期阶段的不同需要,更加准确地选择乡村旅游目的地营销的政府行为模式。

2.3.4 旅游公共服务理论

1. 国外相关研究

国外旅游公共服务研究兴起较早,始于20世纪90年代,这与国外旅游产业兴起较早且对医疗、交通、服务等的高度重视有着密切关系。国外有关研究主要集中在以下几个方面:第一,旅游者服务满意度评价研究。如 Janet D. Neal 等(2004)通过对旅游者满意度的测试和分析,发现旅游公共服务水平对处于旅游过程中的游客有重大影响,尤其是游客对旅游质量的感知有重大影响[1]。第二,旅游公共交通服务研究。如 Rehman Khan 运用主成分分析和修正的 OLS 回归模型,比较分析了1990—2014年多种交通运输服务方式对出入境旅游的影响,研究得出航空运输、铁路运输对入境旅游产生积极影响,而航空运输、铁路运输与出境旅游之间存在双向因果关系[2]。第三,旅游公共信息服务研究。如 Bosworth(2009)指出旅游公共信息服务对于发展乡村经济和乡村旅游具有重要作用。第四,旅游安全保障服务研究。如 Barbe(2012)通过研究乌拉圭乡村旅游发现,保持高安全系数和相对完整的安全系统是发展乡村旅游的主要竞争优势之一。

2. 国内相关研究

国内旅游公共服务的研究起步较晚,且滞后于实践。2006年中央提出建设服务型政府理念之后,国家层面也相继出台了一些加快旅游公共服务建设的政

---

[1] NEAL J D, SIRGY M J, UYSAL M. Measuring the effect of tourism services on traveler's quality of life: further validation[J]. Social Indicators Research, 2004, 69(3): 243-277.

[2] KHAN R, ABDUL S, DONG Q L, et al. Travel and tourism competitiveness index: the impact of air transportation, railways transportation, travel and transport services on international inbound and outbound tourism. Journal of Air Transport Management[J]. 2017(58): 112.

策和意见。如 2011 年底，前国家旅游局公布了《中国旅游公共服务"十二五"专项规划》，表明对全国的旅游公共服务建设提出具体目标；2018 年 12 月，中共中央办公厅、国务院办公厅印发《关于建立健全基本公共服务标准体系的指导意见》，明确指出要从国家、行业、地方、基层 4 个层面构建基本公共服务标准体系，并提出了涵盖社会服务、公共文化体育等 9 个领域的国家基本公共服务质量要求。具体到旅游业而言，在国内建设全域旅游的大背景下，该意见为各地旅游公共服务建设提供了思路，也为全域旅游发展提供了重要支撑。

旅游公共服务研究在我国是比较新的课题，较早涉足该领域的研究者有郭胜（2008）、张广瑞（2008）、张萌（2010）、李爽（2010）、谷艳艳（2011）、徐菊凤（2013）、常文娟（2016）等。其中，徐菊凤撰写的《旅游公共服务理论与实践》一书，是一本系统阐述旅游公共服务问题的理论著作。该著作系统阐述了何为旅游公共服务，旅游公共服务概念的来源、内涵、外延、特征与类别，并从实践上分析了发达市场经济地区的旅游公共服务状况，以及我国北京、上海、杭州、南京、成都等城市的旅游公共服务体系构成与发展现状，还揭示了国内外游客对于旅游公共服务要素的需求与认知评价。

国内旅游公共服务相关研究的内容与国外研究差异较大，主要集中在以下几个方面。一是旅游公共服务内涵相关研究。目前，国内许多学者提出了自己的观点，其中比较具有代表性的有：李爽（2010）指出旅游公共服务是由政府或其他社会组织提供的，以满足旅游者共同需要为核心，不以营利为目的，具有明显公共性的产品和服务的总称。董培海（2010）提出旅游公共服务是为促进区域旅游业的发展而由公共部门、社会组织等多个主体针对旅游者的特定需求所提供的，同时能为非旅游者所共享的各种设施和服务。李军鹏（2012）认为旅游公共服务是以旅游管理部门为主的相关公共部门为满足旅游公共需求，向国内外旅游者提供的基础性、公益性的公共产品与服务。二是旅游公共服务体系及建设相关研究。王京传（2012）认为旅游公共服务体系的建设，除了要从供给角度进行设计，还应该凸显服务接触在体系构成中的核心作用[①]。刘德谦（2012）

---

① 王京传，李天元. 服务接触：目的地建设旅游公共服务体系的新视角[J]. 旅游学刊，2012(3):67.

提出旅游公共服务体系建设是具有现代中国特征的新事物,在实践发展中首先需要确定的问题是旅游公共服务所包括的内容,也就是重点的建设方向。三是旅游公共服务评价相关研究。近年来,国内出现了不少关于旅游公共服务评价的研究成果,既有关于区域旅游公共服务质量的整体评价(包括城市、景区、乡村和节事活动),也有关于某一旅游公共服务子系统的专项评价。如叶全良等(2011)根据公共管理理论,构建了旅游公共服务质量评价指标体系并进行实证分析。黄燕玲(2010)等以桂林为例,构建了城市旅游公共服务体系,并基于供需感知视角进行评价分析[1]。孙凯(2018)以袁家村为例,构建了乡村旅游公共卫生服务质量评价体系[2]。闵念念(2017)从旅游公共安全的影响因素角度进行量化分析。四是旅游公共服务供给机制的相关研究。叶全良等(2011)通过对旅游公共服务制度创新存在的路径依赖分析,指出旅游公共服务制度创新路径包括有限政府主导和政策保障等。

3. 旅游公共服务的内涵

旅游公共服务指为了满足旅游者的普遍需要,而由旅游等相关公共部门主导提供的公共产品和服务的总称[3]。旅游公共服务主要分为旅游基础设施、旅游市场推广和旅游权益保障三大类型。旅游基础设施包含一般基础设施、公共旅游吸引物、旅游公共交通三个子系统。旅游市场推广包含旅游市场推广与培育、目的地形象营销、目的地信息服务三个子系统。旅游权益保障包含旅游市场秩序保障、游客权益保护、旅游者素质培养、旅游消费环境四个子系统。

4. 旅游公共服务体系

旅游公共服务体系架构关系图,如图2-4所示,该图描述了旅游公共服务体系的结构、功能、形成原因及相互关系。"游客的普遍需求",尤其是散客希望借助当地公共设施实现便捷、自由的旅游活动的需求,是一般企业和第三方机构无法、不愿也没有责任提供的。这些旅游公共服务具有公共产品属性,应该

---

[1] 黄燕玲,罗盛锋,丁培毅.供需感知视角下的旅游公共服务发展研究——以桂林国家旅游综合改革试验区为例[J].旅游学刊,2010(7):45-47.

[2] 孙凯.基于游客感知的乡村旅游公共卫生服务质量评价研究——以袁家村为例[D].西安:西北大学,2018:90.

[3] 徐菊凤.旅游公共服务:理论与实践[M].北京:中国旅游出版社,2013:22-25.

由政府提供。具体来看,一般基础设施、便捷旅游交通设施、目的地吸引物、目的地产品和形象推广、目的地旅游服务监管、游客权益保障、旅游者素质培养以及为企业培育新市场等公共服务应该由旅游目的地地方政府提供,大型的基础设施、旅游消费整体环境则应该由中央政府提供保障。作为旅游公共服务的主要提供者,地方政府该如何提供旅游公共服务?某些旅游公共服务可以采用直接提供的方式,如市场秩序的维护;某些旅游公共服务可以采用政府采购的方式提供,如旅游目的地的信息服务①。

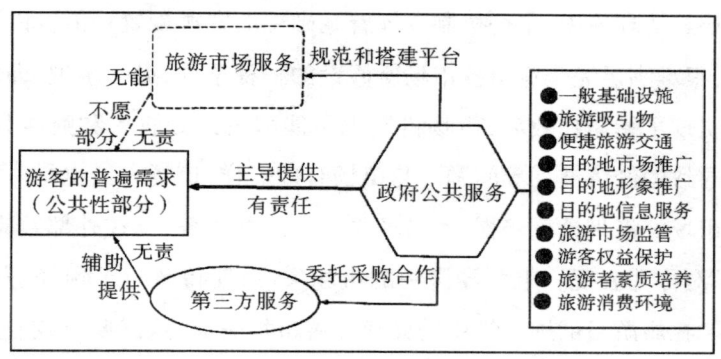

图 2-4　旅游公共服务体系结构

资料来源:徐菊凤.旅游公共服务:理论与实践[M].北京:中国旅游出版社,2013:31-32.

就旅游目的地营销研究而言,依据旅游公共服务理论,可以明确以下几点:一是旅游公共服务的内容涵盖了旅游目的地营销;二是相关旅游政府管理组织是乡村旅游目的地营销的责任主体;三是相关旅游政府管理组织在旅游目的地营销中的主要职责。

---

① 徐菊凤.旅游公共服务:理论与实践[M].北京:中国旅游出版社,2013:31-32.

第 3 章　旅游目的地营销中的政府行为研究

3.1　政府参与旅游目的地营销的必要性

在市场经济环境中,市场机制发挥着基础性的资源配置功能。由于现实经济生活中,很难满足完全竞争性市场所假设的种种条件,退一步说,即使满足了这些条件实现了帕累托效率,市场机制也不能解决诸如收入和财富分配不公、自发竞争导致的经济波动等问题。与市场有效一样,市场失灵也是一种客观存在。现代市场经济理论已经揭示,市场失灵有公共服务、存在外部效应、自然垄断、信息不对称等表现。市场经济中的市场失灵,使得政府干预经济社会生活成为必然。在旅游目的地营销中同样存在着市场失灵,这就要求政府必须承担起应尽的职责。

3.1.1　旅游目的地营销中的公共产品

所谓公共产品,是指具有消费或使用上的非竞争性和受益上的非排他性的产品。公共产品的非竞争性是指一些人对这一产品的消费不会影响另一些人对它的消费。公共产品的非排他性是指某些人对这一产品的利用,不会排斥另一些人对它的利用。

与一般的旅游产品市场营销不同,旅游目的地营销的对象是旅游目的地本身,包含旅游目的地的各种吸引物、设施及服务等要素。旅游目的地营销的最终目的是在游客心目中树立起旅游目的地良好的、独特的整体形象。良好的旅游目的地形象,可以提升地区的整体形象,促进旅游目的地所在地区的整体发展,有助于旅游目的地所有的相关旅游企业展开旅游经营活动,受益的不仅仅是一家或者几家旅游企业。由此可见,旅游目的地营销具有公共产品所具有的特性,因此不少学者将旅游目的地的形象及旅游活动开展所离不开的诸多要素称为"准公共产品",这一观点也得到了越来越多学者的认可。

树立良好的旅游目的地形象，仅靠市场的力量是不可能完成的。因为旅游活动的开展离不开旅游吸引物、设施、服务以及法律规范等要素，这些要素构成一个系统，制约和影响着旅游活动的开展和旅游目的地形象的树立。市场在这个系统的运行中，起到一定的组织与协调功能，但是也有一些因素是不受市场调节和支配的，如相关法律的制定、旅游公共服务的提供等，是政府的职能所在。

综上所述，由于旅游目的地营销具有"准公共产品"特性，以及旅游目的地营销涉及的内容仅靠市场的力量是不可能完成的，这都要求相关政府旅游管理组织成为旅游目的地营销的主体。

3.1.2 旅游市场中的信息不对称

信息不对称是指在市场经济活动中，各类人员对有关信息的了解存在差异性，掌握信息比较充分的人员，通常处于比较有利的地位，而信息相对缺乏的人员，则处于比较不利的地位。在市场交易中，卖方比买方更了解有关商品的各种信息，买卖双方中拥有信息较少的一方会努力从另一方获取信息，掌握更多信息的一方可以通过向信息缺乏的一方传递可靠信息而在市场中获益。市场信号显示，在一定程度上可以弥补信息不对称的问题，信息不对称是市场经济的弊病，要想减少信息不对称对经济产生的危害，政府应在市场体系中进行一些干预。

旅游市场中也存在信息不对称的情况。例如：在旅游市场交易过程中，普遍存在着交易双方所拥有的信息量不对等的现象，提供旅游服务的供给者即旅游企业往往拥有多方面的旅游信息，而旅游者拥有的旅游信息相对较少，这就是旅游业的市场信息不对称。虽然随着互联网技术普遍得到运用，旅游者获取旅游目的地营销相关信息的渠道越来越多，旅游者获取旅游信息的便利性得到了极大提升，但是旅游者依然难以全面获得旅游产品的准确信息，究其原因主要是由旅游产品和服务的无形性、不可转移性，生产与消费的同步性、综合性等特点所决定的。

旅游信息不对称会对旅游业的发展带来诸多危害，主要体现在两个方面。一是由于不能获得完全的信息，旅游者很难做出最优的选择。在信息严重不对称的情况下，旅游者甚至会做出错误的选择，使其权益受到严重侵害。二是旅游信息不对称也会对旅游目的地的相关旅游企业产生危害。在信息不对称不能消除的情况下,旅游者很难区分诚实的经营者和欺诈的经营者,市场甚至会出现逆向选择和劣胜优汰,不利于旅游企业的整体发展。

近年来,我国低价旅游市场出现了许多不良现象,如一些旅行社利用低价招揽游客、强制游客购物等问题。这些问题的出现不仅损害了旅游者的利益,也损害了旅游目的地的形象。深究这些现象背后的原因,很大程度上是由于信息不对称造成的。目前,在我国旅游市场中产品提供者和消费者双方处于高度的信息不对称状态,这必将引起旅游市场中消费者的逆向选择和供给者的道德风险,从而影响旅游产品质量的提高,进而阻碍旅游业的长远发展[①]。

3.1.3 旅游目的地营销中的外部性

经济学中的"外部性"由马歇尔和庇古在20世纪初提出。外部性是指一个经济主体(生产者或消费者)在活动中对旁观者的福利产生的有利影响或者不利影响。这种有利影响带来的利益或不利影响带来的损失,都不是生产者或消费者本人所获得或承担的,是一种经济力量对另一种经济力量"非市场性"的附带影响。外部性可以分为外部经济和外部不经济。外部经济是指一些人的生产或消费使另一些人受益,而又无法向后者收费的现象。外部不经济是指一些人的生产或消费使另一些人受损,而前者无法补偿后者的现象。外部性的存在会造成社会脱离最有效的生产状态,使市场经济体制不能很好地实现优化资源配置的基本功能。

旅游目的地营销中普遍存在着明显的外部性现象。一个拥有良好口碑的旅游景区,势必会带动旅游景区周边地区相关旅游业态,如酒店、餐饮等行业的发展。但是,该旅游景区是无法向后者索取回报的,这便是旅游目的地营销中的外部经济效应。反之,一个经营管理不善的旅游景区,则会因其恶劣的口碑影响到周边相关旅游业态的发展,更有甚者,会影响旅游景区所在地的整体旅游形象,这便是旅游目的地营销中的负外部经济效应。例如,在2010年至2015年期间,云南省出现的"丽江马夫殴打女游客,游客倒赔马夫3500元""云南少数民族洞房陷阱""丽江玉龙纳西族自治县拉市海景区导游拿砖追打游客"等恶

---

① 和红,叶民强.信息不对称下旅游市场博弈分析[J].特区经济,2006(4):225-226.

性旅游事件,经互联网的传播以及媒体报道,使云南省的旅游形象跌至谷底,云南省的旅游业也遭受了沉重的打击。

3.2 旅游目的地营销中的政府行为

3.2.1 旅游吸引物与一般基础设施的提供

旅游吸引物与一般基础设施,主要包括公共旅游吸引物、一般基础设施和旅游公共交通。公共旅游吸引物,主要包括自然与文化景观、博物馆、公园、人造公共景观、特色街区、娱乐休憩场所、特色餐饮与商业场所、公共休闲设施等。一般基础设施,主要包括交通、邮电、水电、商业、金融、园林绿化、环境保护、治安、医疗等。旅游公共交通主要包括便于旅游者游览的公共交通设施,如旅游专线、旅游集散中心、城市旅游观光巴士、旅游站点、旅游停车场、旅游交通标识等,这些要素都是旅游目的地发展旅游业必不可少的,都具有公共产品属性,企业不愿也无力提供。要促进一个地方旅游业的大力发展,这些要素必须由政府主导提供。

3.2.2 旅游目的地营销系统建设

1. 旅游目的地营销系统的内涵

旅游目的地营销系统,这一概念最早出现于1998年,Kristansen 在他的硕士论文中提出了电子旅游目的地的概念。随后,维也纳大学 Werthner 教授和芒斯特大学 Klein 教授在《信息技术与旅游:挑战性的关系》一书中采用了这一观点。他们的贡献在于从互联网思维的角度阐述了电子旅游目的地的功能及区分。

旅游目的地营销系统(Destination Marketing System,简称 DMS)是以政府为主导,多方主体(如旅游企业、旅游者、媒体等)参与,以互联网为基础平台,利用数据库技术、多媒体技术和网络营销技术构建的旅游信息化应用系统,其主要功能有提供信息资讯服务、宣传推广、在线商务、客户关系管理等,可根据需求进行功能扩展①。

---

① 王欣源. 山东"仙境海岸"旅游目的地营销系统构建研究[D]. 济南:山东大学,2017:67-69.

我国旅游业信息化的产物之一"金旅工程",就是旅游目的地营销信息系统的典型代表。"金旅工程"是由前国家旅游局主持建设的旅游信息发布网络,目标在于最大限度地整合国内外旅游信息资源,实现政府旅游管理的电子化,利用现代化技术手段管理旅游业,并且利用网络技术发展旅游电子商务。为了实现上述目标,国家旅游局计划建立全国旅游部门的国家—省(自治区、直辖市)—重点旅游城市三级计算机网络,重点建立面向全国旅游部门的,包含旅游业的业务处理、信息管理和执法管理的现代化信息系统,初步形成旅游电子政府的基本骨架。同时,该系统也是一个旅游电子商务的标准平台,建立行业标准,提供对旅游电子商务应用环境与网上安全、支付手段的支撑,支持国内传统企业向电子旅游企业转型。金旅工程是专门针对国家旅游局系统计算机网络互联与应用来设计和实施建设的,由于需要满足政府网络系统的高性能、高可靠性和安全保密性的要求,网络系统的设计没有采用一般的互联网模式建立。考虑到应用软件的广泛性、用户界面的统一性,整体系统将采用标准技术来建立,同时,针对不同的应用项目、范围和服务对象,建立了三个层次的网络互联平台,分别是面向国务院相关管理部门的内部办公网、面向行业管理的管理业务网以及面向公众的公共商务网三部分。

2. 智慧旅游与旅游目的地营销系统

(1)智慧旅游的提出

2009年1月,"智慧地球"概念得到美国总统奥巴马的认可,"智慧旅游"的提出源于中国。江苏省镇江市于2010年创造性地提出"智慧旅游"概念,开展"智慧旅游"项目建设。智慧旅游的核心技术之一"感动芯"技术在镇江市研发成功,并在北京奥运会、上海世博会上得到应用。中国标准化委员会批准"无线传感自组网技术规范标准"由镇江市拟定,使得镇江市此类技术的研发、生产、应用和标准制定在国内处于领先地位,为智慧旅游项目建设提供了专业技术支撑。2011年7月,前国家旅游局局长邵琪伟正式提出"用10年时间基本实现智慧旅游",这也标志着智慧旅游进入了实践阶段,自此国内开始掀起智慧旅游建设高潮。2011年9月,苏州"智慧旅游"新闻发布会正式召开,苏州市旅游局正式面向游客打造以智能导游为核心功能的"智慧旅游"服务,通过与国内智能导游领域领先的苏州海客科技公司进行充分合作,将其"玩伴手机智能导游"引入

"智慧旅游"中,大幅提升来苏游客享受到的服务品质,让更多游客感受到"贴身服务"的旅游新体验。2011年11月,洛阳旅游体验网、洛阳旅游网资讯版、洛阳旅游网政务版以及英、日、法、俄、韩、德等6个语种的外文版旅游网站已经建成。2011年牡丹文化节期间,洛阳市旅游局还与洛阳移动公司联合推出电子门票,开通新浪洛阳市旅游局官方微博等,形成立体交叉的互联网、物联网旅游服务体系,在吸引游客方面作用明显。2012年5月,前国家旅游局为了积极引导和推动全国智慧旅游的发展,在自愿申报和综合评价的基础上,确定了北京市、武汉市、成都市、南京市、福州市、大连市、厦门市、苏州市、黄山市等18个城市作为国家智慧旅游试点城市。

(2)智慧旅游的内涵

随着实践领域智慧旅游的快速发展,智慧旅游的相关研究也在逐步推进。2011年至今,国内涌现了一大批有关智慧旅游的研究成果。智慧旅游的本质及其内涵也逐渐明晰。智慧旅游是以云计算为基础、以移动终端应用为核心、以感知互动等高效信息服务为特征的旅游信息化发展新模式,其核心是以游客为本的高效旅游信息化服务。智慧旅游使旅游者的信息搜索行为发生变化,在旅游信息收集阶段变得更加灵活多样,旅游者可以通过互联网网站获取各种推荐旅游信息。

智慧旅游的建设与发展最终将体现在旅游营销、旅游管理和旅游服务三个层面。第一,旅游营销层面。智慧旅游是把有关旅游目的地的各种文字、图片、视频信息以及旅游企业的产品信息,借助各种媒介和传播渠道推送给潜在旅游者的过程。通过开发智能手机软件,实现对旅游目的地的宣传和营销。第二,旅游管理层面。一方面,智慧旅游通过旅游者提出的信息需求和旅游者所在位置,向旅游者提供有价值的引导性信息服务。另一方面,智慧旅游通过对旅游活动的质量进行监控,对旅游者群体信息进行统计分析,为旅游目的地宣传营销提供数据支持。第三,旅游服务层面。对于旅游者而言,智慧旅游使旅游者行为模式发生重要改变。旅游者在旅行过程中的灵活度大大增加,随意性也大大增强,不再受出发前旅游行程设计的局限,可以随时、快速地改变行程安排,了解旅游目的地最新资讯信息。对于旅游企业而言,智慧旅游包括了为旅游者提供信息服务的公共服务机构和信息服务企业提供的各种旅游信息服务,如智能手机旅游应用软件开发企业通过智能手机提供的位置导航、电子地图、预订系统等实时信息服务。

3.2.3 旅游目的地整体形象的定位与推广

1. 旅游目的地形象定位

"定位是建立并维持一个企业或其产品在市场中的独特地位的过程"（Lovelock,1991）。这一定义是基于战略角度界定的，表明了完整的定位囊括了开发定位战略、物化展示定位战略、向目标市场沟通定位战略、落实定位战略所做承诺和监控定位战略实施有效性的多方面连续营销实践活动，这些活动的最终目的是为一个企业或其产品建立独特的市场地位。借引Lovelock的观点，旅游目的地形象定位是指在目标市场旅游者的心目中为旅游目的地树立并维持一个独特形象的过程。

全世界范围内，几乎所有旅游业发达的国家和城市都十分重视旅游目的地形象的定位与宣传。以拉斯维加斯为例，作为美国内华达州最大的城市，拉斯维加斯以博彩、娱乐、购物、度假等产业闻名。拉斯维加斯会展及观光局十分重视城市品牌建设，每年在城市品牌广告上投资8000万美元。拉斯维加斯城市品牌营销具有独特的创意思维，从最初的主要吸引赌博游客，到发展会展商务旅游细分市场、休闲旅游市场、体育事件营销，直至将拉斯维加斯打造成为家庭旅游与养老胜地。拉斯维加斯会展及观光局的营销理念随着拉斯维加斯城市发展的进程而变化，在城市发展的不同阶段，设定不同的城市目标，采用不同的营销策略，其目的就是用独特的创意吸引全世界的目光，让到拉斯维加斯旅游成为人们的梦想。

近年来，国内的省份和许多城市都在积极塑造旅游目的地形象，并且取得了不错的效果。以贵州省为例，截至2018年底，贵州省以4处世界自然遗产位居全国第一，拥有国家5A级旅游区6个、国家4A级旅游区63个、国家级风景名胜区19个、国家级自然保护区9个、国家森林公园25个、国家地质公园10个、国际性民族生态博物馆4个、全国重点文物保护单位71个。凭借丰富的旅游资源，2017年贵州省旅游总人数达到7.44亿人次，比2016年增长40.0%；旅游总收入7116.81亿元，同比增长41.6%；国内旅游收入增长指数41.60%，位列全国第二。美国《国家地理》杂志发布的"2020年最佳旅游榜单"中,在全球范围内推荐了文化、城市、自然和冒险四大类共计25个旅游目的地。贵州省是文化类唯一的中国地区,在该类别中共有5个国家和地区被推荐,中国贵州位列第二。近年来,贵州省旅游业的快速发展,离不开旅游形象的塑造和宣传。贵州省以"走遍大地神州,醉美多彩贵州"为旅游宣传口号,该口号朗朗上口,且高度概括了贵州旅游资源的特色,深受人们喜爱。

表3-1 国内各个省(自治区、直辖市)旅游宣传口号

省 (自治区、直辖市)	宣传口号	省 (自治区、直辖市)	宣传口号
北京	东方古都,万里长城	黑龙江	北国好风光,美丽黑龙江
吉林	梦幻冰雪,真情吉林	江西	风景独好,世界瓷都,仙鹤乐园
辽宁	乐游辽宁,不虚此行	安徽	美好安徽,迎客天下
海南	阳光海南,度假天堂	湖北	灵秀湖北欢迎您
广东	活力广东,心悦之旅	河南	文化河南,壮美中原
福建	山海画廊,人间福地	山西	华夏古文明,山西好风光
浙江	诗画江南,山水浙江	陕西	人文陕西,山水秦岭
上海	发现更多,体验更多	宁夏	塞上江南,神奇宁夏
天津	敞开天津门,笑迎八方客	四川	天府四川,熊猫故乡
山东	好客山东欢迎您	重庆	大山大水不夜城,重情重义重庆人
江苏	畅游江苏,感受美好	甘肃	精品丝路,绚丽甘肃
河北	诚义燕赵,胜境河北	青海	高原蓝宝石,梦幻青海湖
湖南	锦绣潇湘,快乐湖南	西藏	世界屋脊,神奇西藏
广西	遍行天下,心仪广西	新疆	传奇丝路,大美新疆
贵州	走遍大地神州,醉美多彩贵州	内蒙古	祖国正北方,亮丽内蒙古
云南	七彩云南,旅游天堂		

2. 旅游目的地形象推广

旅游目的地形象推广,是将旅游目的地的形象信息传播给受众的过程。旅游口号、主题与定位、视觉表征和旅游节事是有效传播旅游目的地形象的重要

载体。广告、宣传品、公共关系、展览和网络,是五种常见的旅游目的地的形象市场推广工具。针对不同旅游阶段的旅游者,运用多样化的推广工具进行针对性促销,是提高旅游目的地形象推广效果的有效手段。政府和企业联合参与目的地形象推广是旅游推广的重要组织形式。

在世界范围内,许多国家和城市拥有十分成熟的旅游形象推广经验。以意大利为例,意大利是一个拥有数不胜数的文化圣地、优美的海滨风光、诱人的美食的文明古国。为了宣传该国的丰富旅游资源,意大利借助展会营销、节庆营销、赛事营销、网络营销以及借势营销等多种营销手段,将意大利的旅游资源完整地介绍给游客。除此以外,意大利还利用关系营销、赠送小礼物等方式,激发人们探寻古老工艺品产地的欲望,从而拉近了意大利与人们之间的距离。一系列的旅游营销宣传活动转变了意大利旅游业 20 世纪末期的萧条局面。意大利央行数据显示,2013 年意大利旅游业顺差 128 亿欧元,赴意大利旅游的中国游客也在以每年 20% 的速率递增,并且意大利成为最受中国游客欢迎的八个国家之一。米兰也被《纽约时报》评为 2015 年最向往的 52 个旅游目的地之首。

国内各级政府组织也十分重视旅游目的地营销工作。国家级的旅游目的地整体形象宣传片是由国务院新闻办公室专门制作的,国家文化与旅游部与中国国际广播电台进行旅游形象宣传合作,具体合作内容包含旅游信息宣传信息共享、旅游形象宣传联络与宣传协作会议,共同打造面向海内外游客的中国旅游形象宣传平台,积极有效地面向世界推广中国旅游资源,塑造中国国家旅游整体形象[①]。随着旅游业的快速发展,各旅游目的地之间的竞争已经趋于白热化。各级地方政府也以前所未有的热情投入地方旅游形象的塑造与宣传中。从传统的旅游宣传册、DVD 等宣传品的海量发放,到频繁参加各种旅游交易会,从旅游大篷车、广场促销,到中央电视台的旅游形象广告,各地的旅游促销模式花样翻新,资金投入也越来越多。据不完全统计,每年仅北京市场上就有全国各地旅游局举办的近 500 场不同规模的旅游推介会。

3.2.4 旅游目的地公共信息服务

旅游目的地公共旅游信息服务体系,是由政府部门或社会团体等机构向旅

---

① 赵书军.合力推广中国旅游形象[N].中国旅游报,2011 – 4 – 1.

游者、旅游目的地的公众提供的,诸如信息咨询、信息开发、资料发放等旅游信息服务的总称,主要包括旅游公共信息网站和旅游咨询服务两部分①。旅游目的地公共信息服务,一方面是为了满足旅游产品供给者和政府管理部门的管理需要,另一方面是为了满足旅游者的信息需求。如果一个旅游目的地具备了丰富的旅游服务设施和旅游产品,但是旅游者不能及时、方便地获取该旅游目的地的旅游信息,那么该旅游目的地的游客服务体系依然是不完备的。旅游活动发展呈现出多元化、个性化、散客化趋势,旅游者对旅游公共信息服务的需求也将更加强烈。

自20世纪80年代以来,世界各国的旅游目的地管理机构,陆续开始尝试利用信息技术手段,统筹和规范旅游目的地旅游信息的收集、汇总、处理和有序发布,将建立和完善旅游信息服务体系视为旅游目的地基础设施建设的重要内容。旅游业发达的国家和地区,其旅游公共信息服务系统内容非常广泛且现代化程度高。以法国巴黎为例,为了方便旅游者获取旅游信息,巴黎市构建起了完善的旅游信息服务体系。巴黎的旅游信息系统由一个非营利性组织——"巴黎旅游和会议促进署"主导,由"巴黎旅游信息网"和"游客中心"两部分构成。"巴黎旅游信息网"是巴黎旅游信息环境的中枢,是推广巴黎、吸引游客的窗口,同时提供丰富的旅游服务和信息咨询。"游客中心"分布在城市各主要旅游区、火车站等,是散客旅游者与城市交流互动的空间,能够实现旅游信息的传递和反馈,旅游宣传与引导,实现旅游企业与主管部门的沟通,例如位于卢浮宫的游客中心办事处,免费为游客提供包含旅游目的地信息资料、专业旅行信息杂志、旅游相关企业产品介绍等内容的旅游咨询服务。在游客中心办事处,旅游者可以获取巴黎食、住、行、游、购、娱全方位的信息,旅游产品推荐、旅游线路指导等信息,极大地方便了散客的出游。此外,政府部门还在交通枢纽和旅游目的地向旅游者免费提供由巴黎交通局制作的巴黎交通图和巴黎旅游交通图。巴黎交通图可以显示细分的公交、区域快铁和地铁图,巴黎旅游交通图则标明出游重点,让各个著名旅游景点及乘车方案一目了然。巴黎完善的旅游信息服务,

---

① 吴泓.公共旅游信息服务体系构建路径和模式——基于智慧城市视角[J].现代经济探讨,2014(9):23.

极大地减少了旅游信息不对称,避免了因信息不畅、失真造成的旅游市场混乱,保障了旅游市场的健康发展。

近年来,我国各级政府管理机构也逐渐认识到了旅游公共信息服务的重要性,并且开始加快旅游公共信息服务建设的步伐。在国家层面,《中国旅游公共服务"十二五"专项规划》明确指出了旅游公共服务建设的重要性,把旅游公共信息服务作为提升旅游公共服务的切入点,明确要求要加强和完善旅游信息咨询服务体系、旅游安全保障服务体系、旅游交通便捷服务体系、旅游便民惠民服务体系、旅游行政服务体系等5大体系。在地方层面,各地政府部门也积极建设旅游公共信息服务体系。地方政府主要采取以下措施建设旅游公共信息服务体系:一是建设旅游政务网,向旅游者提供旅游指南、景区视频介绍、旅游论坛等信息;二是开通旅游公众号;三是开发旅游App;四是保留传统旅游宣传方式,如旅游服务热线、旅游信息咨询中心、旅游资讯图册等。总体来看,由于国内地区间社会经济发展的不平衡,使得国内各地旅游公共信息服务体系的建设水平也存在较大差异,发达地区和城市的旅游公共信息服务体系建设相对完善,欠发达地区的旅游公共信息服务体系建设普遍相对落后。

3.2.5 旅游市场监管与游客权益保护

旅游消费者的合法权益即为旅游法律、法规、规章及有关制度所保护的,不能被非法侵害的旅游者的各种利益和权利①。旅游业的健康发展离不开良好的旅游市场环境。建设良好的旅游市场环境,不仅需要完善的旅游法律体系,也需要行政主管部门加强对法律的执行和对旅游经营者的行政监管,还需要旅游行业协会发挥沟通、监督、公正、自律、协调等应有的作用。在国外,不少国家已经建立起了比较完善的保护旅游消费者合法权益的法律、法规以及相关制度。本研究选取日本和新加坡旅游立法与旅游者权益保护方面的成功经验进行重点介绍。

1. 日本

日本既是经济大国,也是旅游业发达国家。"二战"结束之后,日本的旅游

---

① 覃云.我国旅游消费者权益保护研究[D].南宁:广西大学,2014:45.

业开始起步，并且发展十分迅速。日本的旅游业能够实现快速发展，与日本完善的旅游管理机构密不可分。日本旅游管理机构分为官方机构与非官方机构两部分。官方旅游管理机构由行政主管、政策咨询、政策协调和地方旅游管理四大层次组成，主要负责旅游立法与重大事务协调工作。非官方旅游管理机构多为民间旅游组织与旅游行业协会，如国际观光振兴会、日本观光协会、日本交通公社基金会、日本饭店协会、日本旅行业协会与日本旅行协会等，这些机关团体负责旅游消费者权益的保护，同时负责协调各部门各行业间的关系，构建起旅游消费者权益保护的联动状态。

在日本，除了旅游机构建设相当完善之外，旅游消费者权益保护方面的旅游法规也非常健全。日本的旅游法规形成了以旅游基本法为基础、以旅游专门法规为主体、以相关旅游法规为补充的旅游消费者权益保护综合法律体系。1982年，日本增加了"旅行业约款"，即旅行社与参加包价旅游的旅游者之间缔结的办理旅游业务的合同，其中要明确办理旅游业务的手续费用、交易过程中金钱的收受与退赔以及旅行社责任等事项。"旅行业约款"的出现，进一步加强了对旅游消费者权益的保障措施。此外，《观光立国推进基本法》作为一部旅游基本法，也对旅游消费者权益保护问题进行了详细的规定。《观光立国推进基本法》一方面将旅游消费者权益保护上升到了旅游立法的高度，另一方面也促使日本在旅游相关法与专项法的规定中，加大了对旅游消费者权益的保护力度，为旅游消费者提供旅游专项的法律保护。例如：日本通过不断修订《旅行业法》，出台《旅行业法实施规则》规范旅游市场，提高旅游服务质量。当消费者与旅行行业经营者签订合约之时起，旅游者的合法权益就受到国家法律法规的有效保护。《日本标准旅行社条款》规定日本旅行社必须采取"保证金制度"，即通过高昂的经营保证金以及严格的准入标准，要求旅行社提供较高的服务质量，并对旅游合同的成立、变更与解除进行了详细的法律规定，从而最大限度地保护了旅游消费者的权益。此外，日本的旅游专项或相关法规涉及了旅馆业、娱乐业、导游翻译服务业、交通运输业、食品业、景观景点、旅游配套设施、城市基础设施等行业，几乎囊括了全部旅游活动的组成范畴，能够为不同类型的旅游消费者提供全方位的法律保护。日本的这种全方位、综合化、规模化的旅游消费者权益保护体系，非常值得我国借鉴和学习。

2. 新加坡

新加坡是旅游业较为发达的国家之一。新加坡的旅游立法体系十分完善且执法严格。旅游相关的立法有《新加坡旅游局法案》《饭店法》《旅行社法》《促进旅游法》等。除了拥有完善的旅游立法,"新加坡消协"在旅游投诉中也发挥着很大的作用。当旅游消费者与旅游经营者之间出现了消费争议,旅游消费者可以申请由新加坡消协的调解中心进行调解。新加坡消协的调解成功率达到百分之七十以上。如果调解不成功,旅游者可以申请小额赔偿法庭仲裁。新加坡小额赔偿法庭是处理旅游消费及投诉问题的机构,隶属于法院系统,该机构通过强制性的调解程序解决纠纷,旅游案件可以要求在两天之内做出仲裁,切实保护旅游消费者的权益。

新加坡不但旅游立法非常严格,而且非常重视旅游执法。通过重罚与重刑加大侵权的成本,从而使得旅游服务者不得不严格要求自己,不敢轻易以身试法。例如,如果宾馆客房被发现蚊虫或不卫生之处,经营者将被处以高额罚款或处三个月徒刑。未经旅游局批准,任何人的商号都不得使用"旅游"或者与旅游相关的词汇与图案,违者将被处以高额罚款或者不少于一年的监禁。严格执法不仅保障了旅游消费者,也树立起了新加坡良好的旅游形象,赢得了旅游者的口碑。

3.3 旅游目的地营销中的政府行为模式

在旅游目的地的营销活动中,根据政府介入程度的深浅,政府的参与模式一般可以分为三种:政府只进行少许监管型的营销模式、政府主导与指导相结合型的营销模式以及政府主导型的营销模式[①]。

3.3.1 政府监管型营销模式

1. 模式特点

在政府监管型旅游目的地营销模式中,政府除了承担少量的监管职能以外,其他职能一般均由企业承担。目前,很少有国家在旅游业营销中采用政府

---

① 蒋满元.旅游目的地营销体系构建中的政府行为选择分析[J].华东经济管理,2008(6):26.

监管型模式,美国是其中之一。旅游业高度发达,旅游业相关配套设施十分完善,再加之其巨大的旅游吸引力,是美国采用这种模式的基础。

2. 代表国家

美国作为当今世界唯一的超级大国,其科技、经济、教育、文化实力均处于世界领先地位。美国旅游客源市场遍及世界5大洲60多个国家和地区,且旅游需求强烈,入境客流量巨大,人均旅游花费较高,是当今世界入境旅游最发达的国家之一。美国施行高度地方自治的邦联制,各个州的旅游营销,均由当地的旅游管理部门负责。建国两百多年来,美国从未出现过由官方旅游管理部门组织全球性的、统一的旅游营销。

美国是市场经济高度发达的国家,一般情况下,政府管理部门对企业经营没有任何行政强制的手段,都是依靠各种协会自发的沟通与协调。在旅游行业也不例外,酒店、旅行社、旅游业都有成熟的、规范的自治协会。据夏威夷某市酒店协会的工作人员介绍,当地的自治协会在酒店与酒店、酒店与政府、酒店与社会之间,发挥了桥梁作用,保证了酒店、政府以及社会三者之间的有效联通。自治协会一方面承担了很多政府的职能,如政府市场调研、推广,城市形象塑造、维护等;另一方面起到了"上传下达"的作用,即及时地将政府有关部门的规定和要求传达给会员,并要求会员认真遵守,同时也将会员的反映和请求及时地反馈到有关政府管理组织。这就极大地降低了政府的压力。自治协会在充分进行市场调研的基础上,制定出一套统一、严格的行业管理的标准、规范,要求各行业认真遵守,违者严惩。在美国,主要是靠制度、规定来约束企业,企业都学会自觉遵守,很多事项都大胆放手松绑,让市场自我调节,从市场反馈的信息看效果极佳,起到了事半功倍的作用①。

从1987年到2007年,美国入境旅游业受到了境内外多次危机事件的影响,特别是受1998年的亚洲金融危机和2001年的"9·11"恐怖袭击事件的严重影响,美国入境旅游主要客源市场开始衰退并出现滑坡。面对这种形势,美国积极推出国家层面的旅游目的地市场营销措施,出台相关旅游政策和旅游市场营销策略。自2010年开始,美国对传统主要客源国和新兴客源国的旅游者

---

① 蒲喜雄. 从美国旅游营销管理看海南建设国际旅游岛[J]. 热带林业. 2011(9):33.

和潜在旅游者进行了详细的旅游需求调查,并在全球旅游市场围绕"美国梦"开展国家整体统一的旅游形象的营销。除了进行国家层面的旅游宣传以外,美国政府和旅游部门在旅游推介、签证发放和入境通关等方面均出台政策和建议来重振和支持旅游业的发展[①]。

3.3.2 政府主导与指导相结合型营销模式

1. 模式特点

政府主导与指导相结合型的旅游目的地营销模式,主要适用于市场经济基础较好以及旅游业的发展处于上升阶段的国家和城市。该旅游目的地营销模式具有以下特点:中央政府承担全局性或区域性的旅游行政管理职能,相关下属机构承担资金支持、旅游规划以及监督职责,相关旅游企业负责旅游市场营销规划及运作方面的工作。

2. 代表国家

法国是采用政府主导与指导相结合型的旅游目的地营销模式的代表国家。法国政府十分重视旅游业的发展,并且不断研究政府在旅游行业中应当扮演的角色。20世纪初,法国成立了国家旅游局。法国国家旅游局设在公共工程、住房和交通部内部,对旅游业实行综合协调发展管理模式,以便于实施与旅游业发展密切相关的规划。旅游工程规划署负责制定全国和各区域旅游业的整体发展规划,并负责旅游工程建设的全程监督和管理。

在法国,国家层面的旅游市场营销由集中负责开发法国国际旅游市场的机构——"法兰西之家"进行。"法兰西之家"由政府出资建立,是国家投资、社会经营的非营利性组织,在行政上完全独立。"法兰西之家"的活动经费50%由国家补贴,其余部分则由成员单位赞助。"法兰西之家"在全球27个国家设有31个办事处,在世界范围内全面开展旅游宣传和促销活动。"法兰西之家"已经成为法国公私合营旅游促销的经典模式的代表,参与其中的私营部门包括旅游界代表以及汽车制造业、电信业、时尚物品公司等其他产业和部门。

法国这种有效的旅游管理体制是基于对旅游业本质的深刻认识,对政府职

---

① 张雯妍,徐文敏. 旅游目的地营销体系构建中的政府行为选择分析[J]. 旅游纵览(下半月). 2014(5):46.

能、市场功能、非营利性组织、行业组织等定位和相互关系科学认知的结果,其明显特点有:一是旅游部与公共工程、交通部等部门结合的行政管理体制,符合旅游作为特殊产业的特点,便于综合协调和规划的制定;二是政府的管理职能主要体现在旅游政策的制定而不是日常事务的管理或市场营销,不直接干预行业的经营与管理;三是充分发挥非营利性组织在国家市场营销中的重要作用①。

3.3.3 政府主导型营销模式

1. 模式特点

政府主导型的旅游目的地营销模式的重要特征是:政府对旅游目的地的管理是全方位的,能够覆盖所有与旅游相关的行业。同时,政府也可以通过强制力,扫除旅游业发展过程中遇到的障碍,从而为旅游业的发展提供强大的保障。

2. 代表国家

澳大利亚是采用政府主导型旅游目的地营销模式的代表。澳大利亚旅游局是澳大利亚联邦政府下属的专门负责进行旅游推广的部门,承担澳大利亚国内和全球主要国家及地区的旅游市场营销职能。澳大利亚旅游局通过开展宣传,通过广告、公关、业界展会及活动、消费者推广、网络推广及市场调研等活动,全方位大力推广澳大利亚旅游,树立澳大利亚最佳商务及休闲旅游目的地的形象,通过组织各种活动,增加人们对澳大利亚独特风土人情的了解,并吸引他们前来澳大利亚观光旅游。除了政府组织的旅游营销活动以外,民间组织也会不定期地举办促销活动。这些促销活动,通常由旅游目的地所属区域的旅游利益相关者联合组织,以节事活动的形式开展。

3.4 我国旅游目的地营销中的政府行为模式

3.4.1 我国旅游目的地营销中的政府行为模式

1. 当前我国旅游目的地营销中的行为模式

前国家旅游局在20世纪90年代末,提出政府主导型旅游发展战略,并且将建设世界旅游强国、培育新兴支柱产业作为战略目标。

---

① 徐菊凤.旅游公共服务:理论与实践[M].北京:中国旅游出版社,2013:43－44.

回顾中国旅游业的发展历史,高层积极推动、产业定位调整、政企有序脱钩、政策持续创新等,都有着明显的政府主导的印记。深入观察会发现,我国旅游业的政府主导实际上是一种"市场化的政府主导"发展模式。"市场化的政府主导"强调政府主导的过程主要是围绕着长期的市场化发展目标,采取的是带有明显的市场化性质的行为和举措,包括带有明显的市场化思维与特征的行政措施①。实践证明,采用政府主导型旅游目的地营销模式是符合我国旅游业的发展特点的,通过采用政府主导旅游目的地营销,我国的旅游业实现了跨越式的发展。

2. 政府主导型营销模式的弊端

采用政府主导型的旅游业发展模式,是许多国家尤其是发展中国家发展旅游业的共同经验。在旅游地发展的初期阶段,采用政府主导型的旅游业发展模式可以让一个国家或者地区的旅游业快速成长起来。但是,随着旅游地的发展进入成熟阶段,政府的过度干预不可避免地会产生一系列负面影响,限制旅游业的进一步发展。这些负面影响主要源自政府行为自身的局限性。

前文论述了由于市场失灵的存在,政府参与旅游目的地营销成为必然。但是,政府也不是万能的,在弥补市场失灵的过程中,政府干预行为本身的局限性会导致另一种失灵——政府失灵。政府失灵包括以下几种情况:一是由于行为能力和其他客观因素制约,政府干预经济活动达不到预期目标;二是政府干预经济活动达到了预期目标,但效率低下,或者说成本昂贵,导致资源并未得到充分有效的利用;三是政府干预经济活动达到了预期目标,也有较高的效率,但会带来事先未曾预料到的副作用②。

在旅游目的地营销的实践中,也普遍存在着政府失灵现象。政府在试图弥补市场机制缺陷的过程中,由于其自身存在的缺陷最终导致预期的社会公共目标无法实现,损害市场组织的效率。市场的价格机制将生产成本和收入联系起来,通过价格来影响产出的交易及资源配置的效率。但政府行为割裂了这种联

---

① 厉新建,时姗姗,刘国荣.中国旅游40年:市场化的政府主导[J].旅游学刊,2019(2):30.

② 陈秀山.政府失灵及其矫正[J].经济学家,1998(1):46.

系，维持政府活动的"收入"与其"生产成本"无关，这可能导致政府为了实现一个给定目标而消耗过多的资源，而不是必要的资源。政府行为是在非竞争条件下进行的，如果缺乏约束机制，那么政府行为很可能是不经济的[①]。从我国旅游业的发展现状来看，国内旅游营销仍普遍存在着"盲目性、趋同性与随意性"，急需寻求最有效的方式、方法来实现政府旅游营销的监测，以维护财政支出的严谨性和效果的可评估性，进而帮助政府解决计划、执行、反馈和控制旅游营销活动中的诸多问题。

3.4.2 我国旅游目的地营销模式选择

1. 我国旅游业发展现状

新中国成立70年以来，随着我国综合实力的增强，国民生活水平的不断提高，中国旅游业也实现了跨越式发展。我国旅游业经历了由弱小到规模、由规模到规范、由规范到质量、再由质量到效益的变迁历程[②]。2018年全国旅游总收入达到了5.97万亿元，对国内生产总值（GDP）的综合贡献达到了9.94万亿元，对GDP的综合贡献率达到了11.04%。在世界经济论坛（WEF）发布的《2019年旅游业竞争力报告》（The Travel & Tourism Competitiveness Report 2019）中，中国在全球旅游竞争力排名中位居第13位，排名较2017年上升两位。

我国区域旅游产业发展不平衡的现象正在得到逐步改善。我国地域辽阔，地区间发展不平衡的现象较为突出，不同区域、不同城市旅游业的发展水平差异较大，总体来看，沿海地区、长三角地区明显高于中西部地区。近年来，国内各省市都十分重视旅游业的发展，把旅游业列为战略支柱产业，并且取得了长足的发展。东部、中部和西部三大区域旅游业之间的差距，无论是在吸引游客数量方面，还是在旅游产业综合发展水平方面，均呈现出了比较明显的收敛趋势，旅游业区域均衡化格局逐渐显现。

[①] 刘德光，邓颖颖.旅游目的地营销中政府行为分析[J].贵州社会科学，2013(9):34.
[②] 程玉，杨勇.中国旅游业发展回顾与展望[J].华东经济管理，2020(2):45.

表3-2　2018年全国各省(自治区、直辖市)旅游总收入情况

排名	名称	旅游总收入(亿元)	排名	名称	旅游总收入(亿元)
1	广东	13600	17	陕西	5995
2	江苏	13156	18	北京	5851
3	山东	10396	19	辽宁	5357
4	四川	10122	20	上海	5092
5	浙江	10006	21	重庆	4344
6	贵州	9471	22	吉林	4213
7	云南	8991	23	内蒙古	4011
8	湖南	8356	24	天津	3840
9	江西	8145	25	新疆	2580
10	河南	8120	26	黑龙江	2253
11	河北	7636	27	甘肃	2000
12	广西	7620	28	海南	950
13	安徽	7241	29	西藏	490
14	山西	6729	30	青海	458
15	福建	6635	31	宁夏	311
16	湖北	6100			

资料来源:2018年全国各省市统计年鉴。

　　东部沿海地区是国内旅游产业较发达的区域。以长江三角洲城市群为例,该城市群以上海为中心,包括上海、江苏南京、浙江杭州等26个城市,是我国社会经济发展水平最高的区域之一。近年来,长江三角洲城市群的旅游业发展十分迅速,旅游总收入从2000年的2647.3亿元增长到了2018年的28154亿元。2018年,长江三角洲城市群的旅游总收入约占全国旅游总收入的47.1%,是名副其实的旅游经济发达地区。

　　中西部地区近年来旅游业的发展也十分迅猛。其中,西南的成都、重庆、昆明、贵州等旅游城市,旅游业发展堪称"爆炸式"增长。2010年,成都的游客总

量和旅游业收入分别为 673.8 万人和 600 亿元。2018 年,成都文旅产业发展加快,全年接待游客 2.4 亿人次,实现旅游总收入 3712.6 亿元。从 2010 年到 2018 年,上述两项数据的增幅分别达到 256% 和 519%。重庆市 2010 年接待境内外游客 1.61 亿人次,旅游总收入 917 亿元。重庆市 2018 年接待境内外游客达到 5.972 亿人次,旅游总收入达到 4344.15 亿元。2010 年至 2018 年,重庆市的游客人数和旅游收入的累计增幅达到了 271% 和 408%。贵阳市 2018 年旅游总人数 1.88 亿人次,旅游总收入 2456.56 亿元。2010 年,上述两项数据分别为 3940.81 万人次和 425.96 亿元。2010 年至 2018 年上述两项数据的累计增幅分别为 382% 和 478%①。近年来,贵州旅游业的快速增长,与贵州省大力推行全域旅游、绿色生态旅游以及避暑游等旅游新政、新概念密不可分。

我国旅游业已经步入爆发式增长期,大众旅游时代全面来临。当一个国家或地区的人均 GDP 超过 5000 美元时,该国或地区的旅游业将进入大众化旅游阶段。2018 年,我国人均 GDP 已经接近 10000 美元,旅游消费需求呈现爆发式增长态势。伴随着我国经济社会的进一步发展、居民收入的持续增加、消费升级加快、带薪休假制度的逐步落实,居民用于旅游的花费越来越高,旅游消费已经成为我国居民的刚需。国内游客的旅游方式也由观光旅游转向了休闲旅游和度假旅游。

我国旅游资源十分丰富,旅游资源种类多,品质高。截至 2019 年 7 月,中国已有 55 项世界文化景观和自然遗产列入《世界遗产名录》,世界遗产项目总数位居世界第一。虽然我国旅游业已经有四十多年的发展历史,但是我国的自然旅游资源和人文旅游资源依然未得到完全开发。在我国的中西部地区,依然有许多旅游资源等待着人们去认识和利用。今后,随着我国东部地区旅游资源的深度开发、中西部地区旅游资源的开发以及旅游配套设施的逐步完善,中国对国内外旅游者的吸引力必然会越来越强。

---

① 李果.西部旅游业增长碾压东部各路文旅资本或大举西进[N].21 世纪经济报道,2019-4-11.

2. 影响旅游目的地营销的模式选择的因素

旅游目的地营销模式的选择,很大程度上取决于旅游目的地旅游业的市场规模、市场成熟度、旅游企业的发展情况以及旅游目的地所处的生命周期阶段。旅游目的地所处区域的有效市场规模越大,其旅游业的发展水平也就越高①。一个旅游目的地所在区域的有效市场规模越大,可容纳的旅游企业数量越多。根据市场竞争理论,同类企业数量越多,企业间的竞争越激烈,生产率低的企业被淘汰、被生产率更高的企业所替代,行业的生产率得到提高,各行业结构由此而改善。

市场成熟度是指市场制度完备程度、市场体系完整程度、市场机制完善程度。市场成熟度越高,说明市场有效调节产供销水平越高。对于一个旅游目的地而言,其市场规模越大,市场越成熟,相关旅游政府管理组织所承担的管理职能越倾向于宏观方向的调控与管理。反之,一个旅游目的地的市场规模越小,市场成熟度越低,相关旅游政府管理组织就不仅要承担宏观调控、法律、法规及相关政策的制定等宏观管理职能,还要承担起培育旅游市场、扶持相关旅游企业的发展等职能。

企业是市场经济的主体,衡量一个国家或者地区旅游业的发展水平,也可以通过一个国家或者地区旅游企业的发展水平来判断。目前,我国旅游业发展处于文旅融合的新时代,旅游业要发展,仅仅有资源和市场是远远不够的,需要有一批大型的旅游企业。缺乏大型旅游企业支撑的旅游目的地,其发展潜力和竞争力都是有限的。目前,国内不同省份旅游企业的发展水平存在较大差异。中国旅游研究院发布的《2018年中国旅游集团发展报告》中公布了2018年中国旅游集团25强名单,具体情况如表3-3所示。除中国旅游集团有限公司和华侨城集团有限公司两家央企外,经济发达、创新活跃又兼具客源地和目的地的北京(5家)、上海(5家)、浙江(4家)三地入围过半。广东、安徽、山东、江苏、福建、辽宁、湖北等旅游发达地区均有企业入围。广大中西部地的旅游企业

---

① 向艺,郑林,王成璋.有效市场规模、空间溢出与国内旅游业省际差异[J].旅游学刊,2016(3):66.

继续在名单之外,而四川、重庆、陕西、广西等旅游目的地无一家企业入围,则显得有些意外。

表3-3　2018年中国旅游集团25强名单

中国旅游集团有限公司	同程旅游集团
华侨城集团有限公司	浙江省旅游集团有限责任公司
北京首都旅游集团有限责任公司	杭州市商贸旅游集团有限公司
美团点评集团	开元旅业集团有限公司
北京东方园林环境股份有限公司	祥源控股集团有限责任公司
众信旅游集团股份有限公司	安徽省旅游集团有限责任公司
凯撒同盛旅行社(集团)有限公司	黄山旅游集团有限公司
大连海昌集团有限公司	福建省旅游发展集团有限公司
锦江国际(集团)有限公司	山东银座旅游集团有限公司
携程旅游集团	湖北省文化旅游投资集团有限公司
景域国际旅游运营集团	广州岭南国际企业集团有限公司
上海春秋国际旅行社(集团)有限公司	腾邦集团有限公司
华住集团	

资料来源:中国旅游研究院《2018年中国旅游集团发展报告》

巴特勒提出旅游地的演化经过6个阶段:探查阶段、参与阶段、发展阶段、巩固阶段、停滞阶段、衰退或复苏阶段。对于一个旅游目的地而言,所处的旅游地生命周期阶段也会影响旅游目的地营销模式的选择。假如一个旅游目的地处于探查阶段,该旅游生命周期阶段的旅游目的地特点是只有零星的游客,没有专用的旅游设施,自然和社会环境也没有因为旅游而发生变化。针对这样的旅游目的地,进行旅游开发时,首先必须完善相关基础设施,然后吸引和扶持相关旅游企业,并且还要进行旅游宣传和推广。这些工作由于涉及部门复杂,需要调动资源较多,单独依靠市场的力量是无法实现的,只能由旅游目的地所在区域的政府主导实施。相应地,处于探查阶段的旅游目的地,其营销模式也只能选择政府主导模式。假如一个旅游目的地处于旅游地生命周期的巩固阶段,该旅游生命周期阶段的旅游目的地特点是游客量持续增加,但增长率下降。旅游目的地功能分区明显,地方经济活动与旅游业紧密相连,常住居民开始对旅游产生反感和不满情绪。针对处于旅游地生命周期巩固阶段的旅游目的地,为了获得旅游业的持续发展,需要相关政府管理组织及时协调好各利益相关者之间的关系,消除那些负面因素的影响。处于旅游地生命周期巩固阶段的旅游目的地,其营销模式适合政府主导与指导相结合型营销模式。旅游目的地所在区域的相关政府组织负责区域性的行政管理职能,履行规划以及监督职责,而那些诸如市场营销规划及运作等方面的工作则大多交由相关旅游企业自己负责。

  根据目前我国旅游业发展的实际情况,由于不同省(市)旅游业的市场规模以及成熟度存在的差异比较显著,单独的一种旅游目的地营销模式不可能满足不同省(市)旅游业发展的需要。因此,各地需要根据自己的实际情况进行旅游目的地营销模式的选择。即使在旅游产业发展和旅游基础设施相对完善的地区,如北京、上海、浙江、广东等省(市),由于其内部不同区域的旅游业发展水平不相同,因此也需要根据自己的实际情况进行旅游目的地营销模式的选择。在旅游产业发展和旅游基础设施相对完善的区域,可以选择政府主导与指导相结合型的旅游目的地营销模式,在旅游产业发展和旅游基础设施相对落后的地区可以继续采用政府主导型的旅游目的地营销模式。

第4章 乡村旅游目的地营销中政府行为绩效评价模型构建

目前,从全世界范围来看,旅游业的竞争十分激烈,各个旅游目的地之间的竞争处于白热化态势,这种竞争一方面表现在国家层次的不同旅游目的地之间的竞争,另一方面表现在同一国家内部不同旅游目的地之间的竞争。激烈的竞争直接导致了旅游目的地营销活动的投入和活动的持续增加,比如日本、韩国、澳大利亚等,即使是一直不为游客发愁的美国,面对近些年入境游客量持续下降的现实,也开始启动国家层面的旅游营销计划。我国的情况也是如此,在各地政府的主导下,越来越多的营销活动得以开展,越来越多的资金被投入旅游目的地的营销中。但是,这些投入效果如何,已经成为学者们关注的问题。目前,国内已有不少省(市)开始对政府主导的旅游目的地营销绩效进行评价,但是这些评价体系的科学性和有效性普遍不高,因此,本研究尝试在借鉴已有研究的基础上建立一套更为合理的旅游目的地营销绩效评价体系,以期为科学地评价旅游目的地营销绩效提供思路。

4.1 相关研究回顾

旅游目的地营销绩效评价是旅游目的地管理的重要组成部分。旅游目的地营销绩效评价有助于改善旅游营销资源的配置,促进旅游营销效益的提升。通过旅游目的地营销绩效评价,旅游目的地管理组织可以加强对营销过程的控制,使营销活动朝着既定目标方向发展,同时发现现有营销工作中的不足并加以改进。旅游目的地营销组织还可以通过绩效评价展示职责的完成情况,说明经费支出的合理性,维护政府财政支出的严谨性,从而获得利益相关者的支持①。

---

① 刘丽娟,李天元.旅游目的地营销绩效评价指标体系构建研究[J].北京第二外国语学院学报,2012(11):53-58.

近年来,国内出现了一些旅游目的地营销绩效评价方面的研究成果,研究者们的关注焦点主要集中在旅游目的地营销的评价主体、评价客体、评价指标的设定和评价方法的选取等问题上。

4.1.1 评价体系

现有研究成果分别从不同的角度构建旅游目的地营销绩效评价指标体系,并进行了相应的实证研究。这些研究可以归纳为两类:一类集中在对旅游目的地营销带来的经济效益进行评价;另一类集中在对旅游目的地营销绩效进行综合评价,而非仅仅对经济效益的评价。纵观现有研究成果,旅游目的地营销经济效益评价方面的研究相对较少,旅游目的地营销综合效益评价方面的研究较多,表明对旅游目的地营销绩效进行综合评价是大家更加认可的方向。

1. 旅游目的地营销经济效益评价

国内相关旅游目的地营销经济效益评价的研究成果中,比较具有代表性的有:妥艳媜(2012)依据旅游目的地营销价值链生成的过程,按照旅游目的地营销活动或策略——旅游者影响——经济影响的产生过程为思路,从旅游目的地营销产生的效果和效益两方面入手,设计和建立旅游目的地营销绩效评价指标体系,进行旅游目的地营销绩效评价[①]。张培(2015)从品牌认知、经济增长、产业联动三个方面构建定性与定量结合的旅游目的地营销绩效的评估体系,对民族地区旅游目的地营销绩效评估问题进行了研究[②]。

2. 旅游目的地营销综合效益评价

张化丽(2007)应用系统理论的目标分析法,从分析旅游目的地营销的目标入手,按照目标分解的原则和方法,建立旅游目的地营销效果评价的指标体系。该旅游目的地营销效果评价指标体系由旅游者、目的地形象、经济、社会文化和生态环境等5个领域、27个分类指标构成。汪立东(2008)采用系统评估框架,提出一套面向复杂系统的全程绩效评价体系。该评价体系包括预期评价、运作

[①] 妥艳媜,白长虹,陈增祥.旅游目的地营销绩效评价指标体系构建初探[A]//2012中国旅游科学年会论文集.中国旅游研究院,2012:5.

[②] 张培,喇明清.民族地区旅游目的地营销绩效评估研究[J].西南民族大学学报,2015(3):135-139.

评价、综合评价和全息评价四个方面①,其中在研究城市旅游营销绩效综合评价时,研究者依据目的性、本质性、可行性、适应性、成本—效益比较的评价原则,结合衡量和影响城市旅游营销绩效的主要因素,构建了包括经济效益、社会效益、市场竞争力、政府保障力、产业发展力、环境支撑力6个一级指标评价和29个二级指标评价的城市旅游营销绩效综合评价指标体系。刘丽娟、李天元(2012)从研究背景、相关概念分析入手,根据评价指标的选取原则及应注意的问题,构建了包含财务性、竞争性、消费者、内部营销以及其他等5个指标项目、22个评价因子的旅游目的地营销绩效评价指标体系②。曾静(2016)构建的城市旅游目的地营销绩效评价指标体系,主要由经济效益、社会效益、市场竞争力、旅游需求和城市旅游产业发展环境5个一级指标及相应的22个二级指标构成,该指标体系能够较为全面地衡量旅游目的地营销绩效状况③。

4.1.2 评价方法

在旅游目的地营销绩效评价方法选择方面,现有研究成果显示,研究者们的观点比较统一,都建议采用或者已经采用了模糊综合评价方法对旅游目的地营销绩效进行评价,具体情况如表4-1所示。

表4-1 旅游目的地营销绩效评价方法相关研究

学者	评价维度	评价方法
汪立东(2008)	经济效益、社会效益、市场竞争力、政府保障力、产业发展力、环境支撑力	模糊综合评价方法
刘丽娟、李天元(2012)	财务性指标、竞争性指标、消费者指标、内部营销指标和其他指标	模糊综合评价方法
妥艳婧(2012)	效益、效果	模糊综合评价方法
曾静(2016)	经济效益、社会效益、市场竞争力、旅游需求、城市旅游产业发展环境	模糊综合评价方法

---

① 汪立东.城市旅游营销的绩效评价理论与方法研究[D].杭州:浙江大学,2008:67.
② 刘丽娟,李天元.旅游目的地营销绩效评价指标体系构建研究[J].北京第二外国语学院学报,2012(11):53-58.
③ 曾静.城市旅游目的地营销绩效评价研究[D].济南:山东师范大学,2016:45.

4.1.3 评价主体

通过查阅现有研究成果,我们发现研究者们对旅游目的地营销的评估主体的构成持不同观点。例如,汪立东(2008)认为城市旅游营销系统的评价主体是与评价对象的利益密切相关、关心评价对象绩效状况的相关利益方,主要包括政府、旅游企业和城市居民[①]。张培(2015)指出民族地区旅游目的地营销的评估主体应主要由当地居民、外来游客和专业评估机构三个群体构成[②]。

依据利益相关者理论,旅游目的地营销效果的评价主体,应该是与评价对象的利益密切相关、关心评价对象绩效状况的相关利益方,与旅游目的地营销利益相关的主体,主要有政府、旅游企业、旅游者和当地居民。在我国,旅游目的地营销多是由政府主导进行,如果把政府作为评价主体,难免会出现政府在整个旅游目的地营销活动中既是裁判员又是运动员的局面,这显然是不合理的,尤其是在评价旅游目的地营销中的政府行为时。因此,在本研究中,评价旅游目的地营销效果的评价主体,应该由旅游者、本地居民、旅游营销研究者、旅游企业以及相关旅游行业协会组织构成。

4.2 乡村旅游目的地营销绩效评价指标体系构建

4.2.1 评价指标体系构建依据

乡村旅游目的地营销是依托旅游目的地的资源,面向目标客源市场对旅游目的地所能提供的产品及旅游目的地形象进行定位,实施有针对性的营销策略,诱发旅游者前往旅游目的地进行旅游消费的行为。本研究把乡村旅游目的地营销中的政府行为作为研究对象,研究的最终目的是对乡村旅游目的地营销中的政府行为进行评价。在我国,乡村旅游目的地营销多由政府主导进行。政府介入乡村旅游目的地营销,不仅仅是为了获得经济效益,还可以完善旅游业相关的基础设施、公共服务、配套法律政策等内容,提升旅游目的地的整体形象,从而促进旅游目的地旅游业的可持续发展。在政府的介入下,许多地区甚

---

① 汪立东.城市旅游营销的绩效评价理论与方法研究[D].杭州:浙江大学,2008:103.
② 张培,喇明清.民族地区旅游目的地营销绩效评估研究[J].西南民族大学学报,2015(3):135-139.

至通过发展旅游业改善了当地贫困落后的面貌。因此,本研究将通过对乡村旅游目的地营销进行综合效益评价,进而对乡村旅游目的地营销中的政府行为的绩效做出更准确和全面的判断。因此,乡村旅游目的地营销绩效综合评价指标体系的框架设置,应考虑经济效益与社会效益相结合、竞争性与公益性相结合、定量指标与定性指标相结合、当前绩效与可持续发展相结合。

第一,经济类评价指标。经济性是旅游产业的重要特征。在全世界范围内,几乎所有的国家都十分重视旅游业的发展,究其原因,很大程度上是因为旅游业具有较强的经济性属性。旅游产业产生的收入在许多国家和地区的 GDP 中占据很大份额,是国民经济的重要支柱产业。旅游目的地的旅游经济收入,不仅反映了旅游业对旅游目的地的经济贡献,也直接反映了旅游目的地旅游业的发展水平。"乡村旅游目的地营销工作的基本任务和直接目的是旅游目的地保持现有的客源市场,以及为旅游目的地开拓和争取新的旅游客源"[①]。保持和获得客源市场的最终目的,无疑是获得更多的经济收入。因此,在评价乡村旅游目的地营销绩效时,必须把经济效益作为主要的评价指标。

第二,社会效益类指标。发展旅游业,除了可以产生巨大的经济效益,还可以产生诸多社会效益,从而促进旅游目的地的综合性发展。首先,旅游产业具有较强的产业带动性,旅游业的发展可以促进国民经济有关部门的发展,如推动商业、饮食服务业、酒店业等行业的发展。旅游业及其相关产业的发展,可以带来大量的就业机会,是吸纳劳动就业的主要产业。以我国为例,2018 年我国旅游直接就业人口达到 2826 万人,而旅游直接和间接就业达到 7991 万人,占全国就业总人口的 10.29%。并且,近年来我国将发展旅游业作为改善一些贫困地区的抓手,也取得了巨大的成效。其次,旅游业具有较强的文化属性。开发旅游产品离不开活化、利用旅游目的地的文化。不同地方的文化因其差异性,形成了独特的魅力,吸引着外地的游客,从而构成了旅游吸引物。合理地开发和利用地方传统文化,有助于地方文化的传承和保护。实践表明,不少濒临失传的传统手艺和文化,借助旅游业的发展得以传承和发扬。再次,旅游业的发展还有利于增进外界对旅游目的地的认识,塑造旅游目的地的形象。旅游业

---

① 李天元,曲颖. 旅游市场营销学[M]. 北京:中国人民大学出版社,2013:234.

是展示地方形象的重要窗口,良好的旅游形象对于提升地方的整体形象具有较大的促进作用。因此,在评价乡村旅游目的地营销绩效时,旅游业所产生的社会效益也应该作为主要的评价指标。

第三,旅游目的地的竞争力。乡村旅游目的地营销的终极任务和目的在于打造和提升该旅游目的地的竞争力。旅游竞争力的高低,反映了旅游目的地的旅游综合发展水平。在市场经济条件下,竞争是一种常态,旅游业也不例外。旅游业的竞争体现在许多层面,既有国家层面的竞争,也有一个国家内部不同地区、不同城市之间的竞争,以及不同旅游企业之间的竞争。旅游目的地如何在激烈的竞争中生存和发展,提高竞争力是必由之路。因此,评价乡村旅游目的地营销绩效,必须要把旅游目的地的竞争力作为主要评价指标。

第四,旅游产业发展的必备条件。旅游产业具有较强的依附性,需要一些不可缺少的必要条件,缺少这些条件,旅游业将无法存在。旅游产业的依附性体现在两个方面。一是旅游业的发展以国民经济发展水平为基础并受其制约。旅游业的发展离不开旅游者,旅游者的数量和消费水平与国民经济的发展水平具有很高的相关性。二是旅游业的发展离不开旅游景区完善的旅游功能、旅游住宿设施、旅行社、旅游餐饮、旅游购物、旅游文化娱乐、旅游交通等因素。旅游相关产业构成了旅游业的发展基础,决定着旅游目的地旅游产业的发展力,是评价乡村旅游目的地营销绩效的主要评价指标。

第五,旅游业发展的环境因素。旅游业的发展离不开良好的外部环境的支持。旅游业发展的环境因素,主要包括生态自然环境、旅游安全与保险、完善的法律法规、配套政策、旅游教育与培训、完善的旅游功能等。上述要素是旅游目的地旅游业发展的基础性要素,对旅游业发展起支撑作用,影响着旅游目的地旅游业的可持续发展。因此,评价旅游目的地旅游营销绩效,也应该将环境因素作为评价指标。

4.2.2 评价指标体系构建

本研究在延续汪立东(2008)、妥艳媜(2012)①、张培(2015)等对旅游营销

---

① 妥艳媜,白长虹,陈增祥.旅游目的地营销绩效评价指标体系构建初探[A]//2012中国旅游科学年会论文集.中国旅游研究院,2012:5.

评价研究的基础上,借鉴《中国优秀旅游城市检查标准2007》和汪立东(2008)的研究成果,构建乡村旅游目的地营销绩效评价指标体系,该体系包含5个一级评价指标、27个二级评价指标,详见表4-2。

表4-2 乡村旅游目的地营销绩效评价指标体系

目标层	准则层	指标层
乡村旅游目的地营销绩效评价体系	经济效益 U1	U11 旅游总收入占GDP比重
		U12 旅游外汇收入占旅游收入的比重
		U13 旅游税收占总税收比重
		U14 旅游营销投资回报率
	社会效益 U2	U21 旅游就业比率
		U22 旅游从业人员增长率
		U23 入境游客比率
	旅游产业市场竞争力 U3	U31 区域游客市场占有率
		U32 旅游收入增长率
		U33 旅游者增长率
		U34 游客满意度
		U35 旅游服务质量
	旅游产业发展力 U4	U41 旅游吸引物开发与管理
		U42 旅游公共信息服务
		U43 旅游产品开发与促销
		U44 旅游住宿设施
		U45 旅游交通
		U46 旅行社
		U47 旅游餐饮
		U48 旅游购物
	旅游产业发展环境 U5	U51 旅游产业发展定位
		U52 旅游业政府政策支持水平
		U53 旅游业管理体系建设水平
		U54 旅游人才培养与从业人员培训
		U55 生态自然环境
		U56 旅游市场秩序与旅游安全

4.3 主要指标的含义与测定

4.3.1 经济效益指标

1. 旅游总收入占GDP比重

旅游总收入反映了旅游产业的总收益,是评价旅游目的地旅游产业经济效益的重要指标。旅游目的地旅游总收入占旅游目的地 GDP 的比重,可以反映出旅游业在经济中的地位和影响力。一个旅游目的地的旅游总收入占 GDP 比重越高,说明其旅游业的发展情况越好,也可以表明该旅游目的地的旅游营销比较成功。

$$旅游总收入占 GDP 比 = \frac{旅游目的地旅游总收入}{旅游目的地生产总值} \times 100\%$$

2. 旅游外汇收入占比

旅游外汇收入占旅游总收入的比重,反映了旅游业的外向度,也反映了旅游业的创汇能力。一个旅游目的地的旅游外汇收入的高低,可以说明该旅游目的地的国际吸引力。

$$旅游外汇收入占比 = \frac{旅游外汇收入}{旅游目的地旅游总收入} \times 100\%$$

3. 旅游税收占总税收比重

旅游税收反映旅游业对旅游目的地所在区域的直接经济贡献,旅游税收比重是旅游业营业税收占整个旅游目的地所在区域总税收的比例。

$$旅游税收比重 = \frac{旅游企业营业税金}{旅游目的地总税收} \times 100\%$$

4. 旅游营销投资回报率

通常情况下,衡量投资回报最重要的指标就是投资回报率,相应地,旅游营销投资回报率也可以用来衡量旅游目的地的旅游营销投资回报。

$$旅游营销投资回报率 = \frac{回报}{规定时间内投资总额} \times 100\%$$

4.3.2 社会效益指标

1. 旅游就业率

旅游从业人员数量既反映了旅游目的地旅游业的规模,也反映了旅游业在旅游目的地所属区域劳动就业方面的贡献。就业率是衡量一个地区社会发展水平的重要指标,旅游就业率自然也是评价旅游目的地旅游营销绩效的重要社会效益指标。

$$旅游就业率 = \frac{旅游就业人数}{旅游目的地就业总人数} \times 100\%$$

2. 旅游从业人员增长率

旅游从业人员增长率一方面可以反映旅游目的地旅游业吸纳就业能力的变化趋势,另一方面也可以反映旅游目的地旅游业的发展趋势,因此也是评价乡村旅游目的地营销社会效益的指标。

$$旅游就业增长率 = \frac{旅游从业人员总数 - 基期旅游从业人员数量}{基期旅游从业人员数量} \times 100\%$$

3. 入境游客比率

入境游客的规模,可以反映出旅游目的地的国际知名度和吸引力。增加入境游客数量、提高入境游客比率,不仅有助于增加旅游目的地所在区域的旅游收入,对于吸引外资、提升旅游目的地所在区域的国际形象和国际竞争力也具有重要意义。

$$入境旅游客比率 = \frac{入境游客数量}{旅游目的地总游客数量} \times 100\%$$

4.3.3 旅游产业市场竞争力

1. 区域游客市场占有率

区域旅游市场占有率,是指在一定时期、一定市场范围内旅游目的地吸引到的旅游者数量占区域旅游者总量的比重。影响区域旅游市场占有率的因素,主要有潜在旅游者的偏好、其他旅游目的地的旅游产品的竞争力以及本旅游目的地的旅游产品竞争力等因素。通过分析区域游客市场占有率,可以明确旅游目的地在区域旅游竞争中所处的位置。

$$区域游客市场占有率 = \frac{旅游目的地游客总量}{区域游客总量} \times 100\%$$

2. 旅游收入增长率

旅游收入增长率,是指旅游目的地在一定时期内旅游收入的增长额与基期旅游收入之比。旅游目的地旅游收入增长率越高,反映旅游目的地旅游业的发展前景越好,也反映了旅游目的地旅游营销的效果越好,反之,则说明旅游目的地的发展处于停滞或萎缩状态,进而反映出乡村旅游目的地营销的效果较低。因此,旅游目的地的旅游收入增长率是衡量旅游目的地旅游营销绩效的重要指标。

$$旅游收入增长率 = \frac{本期旅游总收入 - 上期旅游总收入}{上期旅游总收入} \times 100\%$$

3. 游客增长率

游客增长率是指在一定时期内游客增长数量与基期游客数量之比。游客增长率能够反映旅游目的地游客相对变动情况,是判断旅游目的地旅游业发展现状的依据,也能反映出旅游目的地旅游产业当前的市场竞争力。旅游目的地游客增长率越高,说明旅游目的地的旅游产业竞争力越强,也能表明乡村旅游目的地营销的绩效越好。

$$游客增长率 = \frac{本期游客总数量 - 上期游客总数量}{上期游客总数量} \times 100\%$$

4. 游客满意度

游客满意度是指游客对旅游目的地的旅游景观、基础设施、旅游环境和接待服务等方面,满足其旅游活动需求程度的综合心理评价。游客满意度会严重影响游客的重复消费意愿,以及旅游目的地的口碑。通过评测游客满意度,旅游企业、旅游目的地相关管理组织可以了解游客的态度,及时发现影响游客满意度的负面因素,并进行排除,从而有利于旅游目的地树立和保持良好的旅游形象。因此,无论是旅游企业还是相关政府管理部门,都十分重视游客满意度监测。目前,国内许多省市每年都会聘请专业评估机构,对其所辖区域各个地市的旅游满意度指数进行测评。游客满意度也是反映乡村旅游目的地营销效果的主要指标。本研究采用政府部门公布的旅游满意度指数作为游客满意度的值。

5. 旅游服务质量

旅游目的地旅游服务质量,反映了旅游目的地旅游服务水平的高低,本研究用旅游投诉率来反映旅游服务质量。

$$旅游服务质量 = (1 - \frac{投诉游客数量}{游客总数量}) \times 100\%$$

4.3.4 旅游产业发展力

1. 旅游吸引物开发与管理水平

旅游业的发展离不开旅游吸引物,旅游吸引物是引发游客动机的首要因素。因此，旅游吸引物开发与管理水平是衡量一个区域旅游产业发展力的重要指标之一。目前，能够对游客产生吸引力的旅游吸引物的种类越来越丰富。除了传统的旅游景区和景点以外，博物馆、纪念馆、艺术馆、美术馆、公园、商业休闲区、文化休闲区等公共服务设施和活动，也已经成为吸引游客的重要旅游吸引物。旅游目的地旅游吸引物开发与管理水平，可以通过旅游目的地所在区域拥有的旅游景区、公共文化娱乐设施，以及文化活动的数量与质量体现出来。

2. 旅游目的地旅游公共信息服务水平

旅游活动的异地性决定了旅游者对旅游信息的需求，贯穿旅游活动的全过程。随着旅游业的快速发展，旅游活动日益呈现大众化、常态化、散客化的趋势。游客对旅游的需求越来越多，对旅游公共信息服务的需求也日益强烈。旅游公共信息服务是旅游公共服务体系建设的核心部分，是指为满足游客对旅游目的地旅游基本信息、旅游产品促销信息、旅游安全信息、公共环境等相关信息服务的需要，及时将开发加工好的信息产品，以便捷的形式传递给相关旅游者。旅游信息服务体系主要包含旅游信息咨询中心、旅游电子政务网、旅游宣传资料、旅游公共标识、旅游资讯服务平台等要素[①]。因此，旅游目的地信息公共服务的水平，可以通过旅游目的地管理及营销系统的建设水平以及满足游客信息需求的信息系统的建设水平反映出来。

3. 旅游产品开发与促销水平

旅游目的地旅游促销与旅游产品开发水平，可以从以下几个方面衡量：一是旅游目的地的旅游产品特色是否鲜明，在旅游宣传中是否较好地突出了这些产品特色；二是是否面向目标游客市场开发了相应的旅游产品；三是是否会每年举办有地方特色的旅游节庆活动；四是是否面向目标游客市场制订了旅游宣传与促销计划并付诸实施，是否参加上级部门组织的旅游宣传促销活动，是否自己组织旅游宣传促销活动等。

4. 旅游住宿设施

旅游目的地旅游住宿情况，不仅是衡量一个旅游目的地旅游业发展水平的

---

① 谷艳艳.城市旅游公共服务体系构建与质量评价——以上海市为例[D].上海：上海师范大学，2011：12.

重要指标，也是影响旅游目的地的旅游收入和游客满意度的重要因素。旅游目的地旅游住宿设施的发展水平，可以从三个方面进行判断：一是酒店的数量、档次是否能够满足海内外游客的需求；二是酒店客房全年出租率等情况；三是酒店的服务是否规范安全与卫生是否符合相关法规和标准。

5. 旅行社

旅游目的地旅行社的发展水平，可以从旅行社的形象、经营规范性、游客投诉及旅行社处理情况等方面评价旅游目的地的旅行社经营水平。

6. 旅游餐饮

旅游餐饮是旅游六大要素之一，既可以成为吸引游客的旅游吸引物，也是影响游客满意度的主要因素。旅游目的地餐饮发展水平，可以从餐饮的特色和质量两个角度进行评价。

7. 旅游购物

旅游购物作为旅游六大要素之一，是增加旅游目的地旅游收入的重要来源。旅游目的地旅游购物的发展水平，体现在旅游商品收入占旅游总收入的比例和旅游者对旅游购物的满意度两个方面。

8. 旅游交通

旅游交通是旅游六大要素之一，也是影响和制约旅游目的地旅游业发展水平的重要因素。旅游目的地的旅游交通，可以从旅游目的地的可进入性和旅游目的地内部交通两方面进行评价。旅游目的地可进入性是指对外交通情况，主要看是否有机场、铁路、公路、航道等设施及服务的完善与规范程度。旅游目的地内部交通，主要看有无旅游专线车、观光巴士、出租车和旅游车船服务及服务的规范程度。

4.3.5 旅游产业发展环境

1. 旅游产业发展定位

在我国，地方旅游业的发展通常采取的是政府主导模式，在这种模式下，地方政府对旅游产业的发展定位，会对地方旅游业的发展产生极其重要的影响。根据旅游目的地的政府对旅游业发展的定位，可以判断出旅游目的地所在区域的政府对旅游业的重视程度。地方旅游产业规划是政府指导旅游产业发展的重要手段,也是政府保障城市旅游业发展的纲领性文件。根据地方旅游产业规划,可以判断地方政府对旅游产业发展定位的具体落实情况。

2. 旅游业政府政策支持水平

在我国,各地旅游业发展采用的都是政府主导模式。在政府主导模式下,政策因素是影响旅游目的地旅游业发展的重要外部动力因素。政府政策的支持水平,可从以下六个方面进行判断:一是是否有财政政策支持,如增加财政预算资金、开发促销资金、建立产业发展基金等;二是是否有金融政策支持,如创新融资机制、创立旅游项目优先贷款、支持旅游企业发行债券和股票等;三是是否有税收政策支持,如对旅游企业减免所得税、调节税、行政事业性收费等;四是是否有旅游项目用地的政策支持;五是是否有奖励政策支持,如对涉外旅游企业非贸易创汇和结汇进行奖励;六是是否有旅游倾斜性政策支持。

3. 旅游业管理体系建设水平

完善的旅游业管理体系是旅游业健康发展的有力保障。旅游目的地旅游业管理体系的建设水平,可以依据相关旅游行政管理部门机构健全程度、职责明确程度以及实际运作情况做出判断,具体体现在以下四个方面:一是是否有专职旅游执法机构来保障旅游市场健康发展;二是是否有健全的质量监督机构,高效率地为游客处理投诉;三是旅游管理与公安、工商等部门是否建立起了协调工作的机制;四是是否积极开展旅游标准化工作,严格实施旅游业的国家标准和行业标准,指导和推动旅游目的地旅游企业严格执行相关标准。

4. 旅游人才培养与从业人员培训水平

旅游从业人员的质量和服务水平,影响和反映旅游目的地旅游业的发展水平。旅游人才培养和旅游从业人员培训,是保障旅游目的地旅游业可持续发展的重要因素,也是评价乡村旅游目的地营销水平的重要标准。旅游人才培养与从业人员培训的水平,可以从两个方面进行衡量:一是旅游目的地所在区域旅游院校或专业的数量和培养口径;二是旅游目的地管理组织是否设有旅游教育专项培训基金,以及旅游培训的类型、覆盖面、等级、规范性、效果等。

5. 生态自然环境

良好的生态自然环境,是旅游目的地旅游业发展不可缺少的条件。如果自然生态环境不能得到很好的保护,旅游目的地的发展就失去了赖以生存和发展的基本物质条件。因此,旅游目的地所在区域的生态自然环境,也是衡量乡村旅游目的地营销绩效的重要指标。旅游目的地的生态自然环境水平可从以下三个方面衡量:一是生活垃圾和污染物无害化处理率;二是游客量是否控制在旅游环境容量以内;三是自然生态和环境的保护情况。

6. 旅游市场秩序

旅游目的地的旅游市场秩序,既会影响旅游目的地旅游业的正常运作,也会影响游客的满意度和旅游目的地的旅游形象。因此,旅游目的地管理组织应该积极规范旅游市场秩序,为旅游业发展创造良好的市场环境。旅游目的地的旅游市场秩序管理水平可从以下三个方面衡量:一是是否建立了游客投诉处置体系;二是是否建立了旅游市场舆情监测工作机制;三是是否实施了旅游综合监管考核评价管理。

7. 旅游安全与保险

随着我国旅游业的快速发展,各类旅游安全事故也频频发生。为了从根本上维护游客和旅游企业的利益,保障旅游业健康稳定发展,前国家旅游局针对旅游安全与保险问题,出台了相关法规。旅游目的地安全与保险性,是影响旅游产业发展环境质量的主要因素,也是衡量乡村旅游目的地营销绩效的重要因素。旅游目的地的旅游安全性,可从以下两个方面衡量:一是旅游安全保障方面,是否设有专职安全保卫人员,旅游经营单位是否建立健全安全教育和防范制度等;二是旅游救援方面,是否建立旅游突发公共事件应急预案,主要旅游景区是否有医疗救护点等。

4.4 乡村旅游目的地旅游营销绩效评价方法及模型构建

4.4.1 评价方法的确定

借鉴目前国内外已有的研究成果,本研究也选择模糊综合评价法,对乡村旅游目的地的营销绩效进行评价。模糊综合评价法是一种基于模糊数学的综合评价方法,该综合评价法是根据模糊数学的隶属度理论,把定性评价转化为定量评价,即用模糊数学对受到多种因素制约的事物或对象做出一个总体的评价。模糊综合评价法具有结果清晰、系统性强的特点,能较好地解决模糊的、难以量化的问题,适合解决各种非确定性问题。

本研究要对乡村旅游目的地的营销绩效进行评价。乡村旅游目的地营销的绩效受到旅游产业市场竞争力、旅游产业发展力、旅游产业发展环境等多种不同类别因素的影响,而且每一种因素又都包含了多个子因素,其中有许多因素,如游客满意度、旅游服务质量、旅游产业发展定位、旅游市场秩序等都具有一定的模糊性,难以量化。因此,本研究采用模糊综合评价法对乡村旅游目的地的营销绩效进行综合评价。

4.4.2 模糊综合评价法步骤

第一,确定评价对象的因素论域。将因素论域(指标)按照某种属性分成 P 个子集,即因素集 $u = \{u_1, u_2, \cdots, u_p\}$。

第二,确定评语等级论域。$v = \{v_1, v_2, \cdots, v_p\}$,即等级集合,表示有 p 个等级,每一个等级对应一个模糊子集。

第三,建立模糊关系矩阵 R。构造等级模糊子集之后,逐个对被评事物从每个因素 $u_i(i=1,2,\cdots,p)$ 上进行量化,即确定从单因素来看被评事物对等级模糊子集的隶属度 $(R|u_i)$,进而得到模糊关系矩阵:

$$R = \begin{bmatrix} R| & u_1 \\ R| & u_2 \\ \cdots\cdots \\ R| & u_p \end{bmatrix} = \begin{bmatrix} r_{11} & r_{12} & \cdots & r_{1m} \\ r_{21} & r_{22} & \cdots & r_{2m} \\ \cdots & \cdots & \ddots & \cdots \\ r_{p1} & r_{p2} & \cdots & r_{pm} \end{bmatrix}_{p,m}$$

矩阵 R 中第 i 行第 j 列元素 r_{ij},表示某个被评事物从因素 u_i 来看对 v_j 等级模糊子集的隶属度。一个被评事物在某个因素 u_i 方面的表现,是通过模糊向量 $(R|u_i) = (r_{i1}, r_{i2}, \cdots, r_{im})$ 来表示的,而在其他评价方法中多是由一个指标实际值来表示的,因此,从这个角度讲模糊综合评价要求更多的信息[1]。

第四,确定评价因素的权向量。在模糊综合评价中,确定评价因素的权向量:$A = (a_1, a_2, \cdots, a_p)$。权向量 A 中的元素 a_i 本质上是因素 u_i 对模糊子集{对被评事物重要的因素}的隶属度。本研究使用层次分析法来确定评价指标间的

---

[1] 李士勇. 工程模糊数学及应用[M]. 哈尔滨:哈尔滨工业大学出版社,2004:101-108.

相对重要性次序,从而确定权系数,并且在合成之前归一化,即 $\sum_{i=1}^{p} a_i = 1, a_i \geq 0, i = 1, 2, \cdots, n$。

第五,合成模糊综合评价结果向量。利用合适的算子将 A 与各被评事物的 R 进行合成,得到各被评事物的模糊综合评价结果向量 B。即:

$$A \circ R = (a_1, a_2, \cdots, a_p) \begin{bmatrix} r_{11} & r_{12} & \cdots & r_{1m} \\ r_{21} & r_{22} & \cdots & r_{2m} \\ \cdots & \cdots & \ddots & \cdots \\ r_{p1} & r_{p2} & \cdots & r_{pm} \end{bmatrix} = (b_1, b_2, \cdots, b_m) = B$$

其中 b_1 是由 A 与 R 的第 j 列运算得到的,它表示被评价事物从整体上看对 v_j 等级模糊子集的隶属程度。

第六,对模糊综合评价结果向量进行分析。在实际运用中,通常采用最大隶属度原则,但是,在某些情况下使用最大隶属度原则会损失很多信息,甚至得出不合理的评价结果。加权平均求隶属等级也是可以使用的方法,对于多个被评事物并依据其等级位置进行排序。

4.4.3 层次分析法确定权重

确定权重系数是综合评价的关键性环节。层次分析法是一种确定权重系数的有效方法,特别适宜于那些难以用定量指标进行分析的复杂问题①。层次分析法可以把复杂问题中的各因素划分为互相联系的有序层,使之条理化,根据对客观实际的模糊判断,就每一层次的相对重要性给出定量的表示,再利用数学方法确定全部元素相对重要性次序的权系数。层次分析法的具体步骤如下:

第一,确定目标和评价因素。P 个评价指标,$u = \{u_1, u_2, \cdots, u_p\}$。

第二,构造判断矩阵。判断矩阵元素的值反映了人们对各元素相对重要性的认识,一般采用九级或者五级判断标度方法。当相互比较因素的重要性能够用具有实际意义的比值说明时,判断矩阵相应元素的值则取这个比值,即得到

---

① 佟春生. 系统工程的理论与方法概论[M]. 北京:国防工业出版社,2000:185 – 186.

判断矩阵 $S = (u_{ij})_{p \times p}$。

第三,计算判断矩阵。用 Mathematica 软件计算判断矩阵 S 的最大特征根 $\lambda_{\max}$ 及其对应的特征向量 A,此特征向量就是各评价因素的重要性排序,也是权系数的分配。

第四,进行一致性检验。进行判断矩阵的一致性检验,需要计算一致性指标 $CI = \dfrac{\lambda_{\max} - n}{n - 1}$,平均随机一致性指标 RI。当随机一致性比率 $CR = \dfrac{CI}{RI} < 0.10$ 时,认为层次分析排序的结果有满意的一致性,即权系数的分配是合理的,否则就要调整判断矩阵的元素取值,重新分配权系数的值。

4.4.4 乡村旅游目的地旅游营销绩效评价模型构建

1. 确定评价因素集

一级评价指标为:U1(经济效益)、U2(社会效益)、U3(旅游产业市场竞争力)、U4(旅游产业发展力)、U5(旅游产业发展环境)。

二级评价指标为:U11(旅游总收入占 GDP 比重)、U12(旅游外汇收入占旅游收入的比重)、U13(旅游税收占总税收比重)、U14(旅游营销投资回报率),U21(游客居民比率)、U22(入境游客比率)、U23(旅游就业率),U31(区域游客市场占有率)、U32(旅游收入增长率)、U33(旅游者增长率)、U34(游客满意度)、U35(旅游服务质量),U41(旅游吸引物开发与管理水平)、U42(旅游目的地旅游信息服务水平)、U43(旅游产品开发与促销)、U44(旅游住宿设施)、U45(旅行社)、U46(旅游餐饮)、U47(旅游购物)、U48(旅游交通),U51(旅游产业发展定位)、U52(旅游业政府政策支持水平)、U53(旅游业管理体系建设水平)、U54(旅游人才培养与从业人员培训水平)、U55(生态自然环境)、U56(旅游市场秩序)、U57(旅游安全保障水平)。

2. 确定评价集

乡村旅游目的地旅游营销绩效评价集为 $V = \{$优秀,良好,一般,差$\}$。

3. 确定权重集

运用层次分析法确定各层次的权重,采用五等级判断尺度表进行打分,五等级判断尺度表见表 4 - 3。

表4-3 五等级判断尺度表及其含义

标度	含义
1	对上层指标而言,d_i 和 d_j 同样重要
2	对上层指标而言,d_i 比 d_j 稍为重要
3	对上层指标而言,d_i 比 d_j 重要
4	对上层指标而言,d_i 比 d_j 重要得多
5	对上层指标而言,d_i 比 d_j 绝对重要

首先,通过专家打分得到第二层次各因素对第一层次相应因素的判断矩阵如表4-4所示,然后,用 Mathematica 软件计算判断矩阵的最大特征根及其对应的特征向量,此特征向量就是各评价因素的重要性排序,即第二层次对第一层次的权系数的分配。

表4-4 一级指标权重

对总目标U	U1 经济效益	U2 社会效益	U3 旅游产业市场竞争力	U4 旅游产业发展力	U5 旅游产业发展环境	权重
U1 经济效益	1	4	2	2	3	0.35
U2 社会效益	1/4	1	1/4	1/3	1	0.074
U3 旅游产业市场竞争力	1/2	4	1	3	4	0.308
U4 旅游产业发展力	1/2	3	1/3	1	2	0.182
U5 旅游产业发展环境	1/3	1	1/4	1/2	1	0.085

进行判断矩阵的一致性检验,经过计算,一致性指标 $CI=0.023$,一致性比率 $CR=0.02$ 小于0.1,通过一致性检验,表明层次分析排序的结果具有满意的一致性,即权系数的分配是合理的。

第三层次对第二层次的权重。通过专家打分得到第三层次各因素对第二层次相应因素的判断矩阵,然后,用 Mathematica 软件计算判断矩阵的最大特征根及其对应的特征向量,此特征向量就是各评价因素的重要性排序,即第三层次对第二层次的权系数的分配。

表 4-5　U1 经济效益二级指标权重

对总目标 U1	U11 旅游总收入占 GDP 比重	U12 旅游外汇收入占旅游总收入比重	U13 旅游税收占总税收比重	U14 旅游营销投资回报率	权重
U11 旅游总收入占 GDP 比重	1	4	3	3	0.5037
U12 旅游外汇收入占旅游总收入比重	1/4	1	3	2	0.165
U13 旅游税收占总税收比重	1/3	1/3	1	1	0.1871
U14 旅游营销投资回报率	1/3	1/2	1	1	0.1442

进行判断矩阵的一致性检验,经过计算,一致性指标 $CI=0.036$,一致性比率 $CR=0.04$ 小于 0.1,通过一致性检验,表明层次分析排序的结果有满意的一致性,即权系数的分配是合理的。

表 4-6　U2 社会效益二级指标权重

对总目标 U2	U21 旅游就业率	U22 旅游从业人员增长率	U23 入境游客比率	权重
U21 旅游就业率	1	3	4	0.579
U22 旅游从业人员增长率	1/3	1	3	0.291
U23 入境游客比率	1/4	1/3	1	0.13

进行判断矩阵的一致性检验,经过计算,一致性指标 $CI=0.047$,一致性比率 $CR=0.08$ 小于 0.1,通过一致性检验,表明层次分析排序的结果有满意的一致性,即权系数的分配是合理的。

表 4-7　U3 旅游产业市场竞争力二级指标权重

对总目标 U3	U31 区域游客市场占有率	U32 旅游收入增长率	U33 游客增长率	U34 游客满意度	U35 旅游服务质量	权重
U31 区域游客市场占有率	1	3	2	1	2	0.296

续表

对总目标 U3	U31 区域游客市场占有率	U32 旅游收入增长率	U33 游客增长率	U34 游客满意度	U35 旅游服务质量	权重
U32 旅游收入增长率	1/3	1	2	1	2	0.191
U33 游客增长率	1/2	1/2	1	1	1	0.166
U34 游客满意度	1	1	1	1	2	0.202
U35 旅游服务质量	1/2	1/2	1	1/2	1	0.145

进行判断矩阵的一致性检验,经过计算,一致性指标 $CI=0.065$,一致性比率 $CR=0.06$ 小于 0.1,通过一致性检验,表明层次分析排序的结果有满意的一致性,即权系数的分配是合理的。

表 4-8 U4 旅游产业发展力二级指标权重

对总目标 U4	U41 旅游吸引物开发	U42 旅游公共信息服务	U43 旅游促销与宣传	U44 旅游住宿	U45 旅游交通	U46 旅行社	U47 旅游餐饮	U48 旅游购物	权重
U41 旅游吸引物开发	1	2	3	1	1	2	3	4	0.203
U42 旅游公共信息服务	1/2	1	3	1/2	1/2	1	1/2	3	0.104
U43 旅游促销与宣传	1/3	1/3	1	1/3	1/3	1/3	1/3	1/2	0.046
U44 旅游住宿	1	2	3	1	1	2	2	3	0.184
U45 旅游交通	1	2	3	1	1	2	2	3	0.184
U46 旅行社	1/2	1	3	1/2	1/2	1	1/2	2	0.098
U47 旅游餐饮	1/3	2	3	1/2	1/2	2	1	3	0.125
U48 旅游购物	1/4	1/3	2	1/3	1/3	1/2	1/3	1	0.055

进行判断矩阵的一致性检验,经过计算,一致性指标 $CI=0.016$,一致性比率 $CR=0.01$ 小于 0.1,通过一致性检验,表明层次分析排序的结果有满意的一致性,即权系数的分配是合理的。

表 4-9 U5 旅游产业发展环境二级指标权重

对总目标 U5	U51 旅游产业发展定位	U52 旅游业政府政策支持水平	U53 旅游业管理体系建设水平	U54 旅游人才培养与从业人员培训	U55 生态自然环境	U56 旅游市场秩序与旅游安全	权重
U51 旅游产业发展定位	1	1/2	1/2	1/2	1/2	1/2	0.081
U52 旅游业政府政策支持水平	2	1	1/2	1	1	1	0.150
U53 旅游业管理体系建设水平	2	2	1	1	1	3	0.277
U54 旅游人才培养与从业人员培训	2	1	1	1	2	2	0.208
U55 生态自然环境	2	1	1	1/2	1	1/2	0.150
U56 旅游市场秩序与旅游安全	2	1	1/3	1/2	2	1	0.135

进行判断矩阵的一致性检验，经过计算，一致性指标 $CI=0.101$，一致性比率 $CR=0.08$ 小于 0.1，通过一致性检验，表明层次分析排序的结果有满意的一致性，即权系数的分配是合理的。

第5章 乡村旅游目的地营销绩效评价实证研究

5.1 赣南原中央苏区乡村旅游目的地营销现状

赣南也称赣州,是江西省南部区域的地理简称,主要由赣州市及下辖的3区13县2县级市组成,东连福建,南接广东,西邻湖南,与吉安、抚州毗邻,是江西省面积最大、人口最多的设区的市,地形以山地、丘陵为主,总面积39379.64平方千米,占江西省总面积的23.6%。该地区是著名的革命老区,地区经济发展一直较缓,是我国典型的农村集中连片特殊贫困地区。虽然赣南地区拥有极其丰富的乡村旅游资源,但是乡村旅游产业发展却十分缓慢。2012年《国务院关于支持赣南等原中央苏区振兴发展的若干意见》出台,赣南地区社会经济步入了快速发展阶段,人民收入大幅增加,基础设施逐步完善,旅游市场也日趋成熟,赣南地区已经具备了大力发展乡村旅游业的各项基础条件。

5.1.1 旅游产业经济效益

近年来,赣南原中央苏区旅游产业迅速发展,其旅游竞争力在全省中的排名也在稳步提升。旅游业的快速发展,不仅带来了良好的经济效益,也在拉动地方就业、改善贫困等方面取得了显著的效果。

2014年至2018年,赣州市旅游经济呈现高速稳定增长态势,全市旅游业总收入从279.59亿元增加到1120.26亿元,旅游接待总人次数从3502.83万人次增加到10803.44万人次,旅游综合收入占全市GDP比重从2014年的15.1%增加到2018年的39.9%,具体情况如表5-1所示。赣州旅游业实现了由一般产业到战略性支柱产业的历史性转变。乡村旅游是赣州旅游产业的主要构成部分,依托丰富的乡村旅游资源,赣州市掀起乡村旅游品牌建设热潮,各类乡村旅游景区和各种休闲农业企业遍地开花,据统计,目前全市范围内各类休闲农业企业多达 2000 余家。

表 5-1 2014—2018 年赣州市旅游经济指标

年度\内容	旅游人次(万人)	综合收入(亿元)	占市 GDP 比重
2014 年	3502.83	279.59	15.1%
2015 年	4402.36	387.00	19.6%
2016 年	6741.52	588.88	26.8%
2017 年	8306.85	794.94	31.5%
2018 年	10803.44	1120.26	39.9%

数据来源:赣州市统计年鉴。

5.1.2 旅游产业社会效益

随着赣州市旅游产业的发展,旅游业在扩大就业、推进扶贫、促进地方发展方面的作用也日益凸显。赣州市通过发展乡村旅游与休闲农业,帮助 16 万余人就业,30 余万低收入人群辐射收益,并且开展了第一批旅游扶贫试验区试点县、示范点创评工作,评定旅游扶贫试点县 7 个、旅游扶贫示范点 24 家[①]。

截至 2018 年底,赣州市共有乡村旅游扶贫项目 186 个,覆盖贫困村 208 个,带动贫困户 14410 户,户均年增收 4038.59 元。2018 年全国扶贫日系列论坛文化和旅游扶贫论坛,赣州市大余县丫山旅游风景区、龙南县虔心小镇旅游风景区以及瑞金的旅游扶贫经验模式被江西省作为典型推荐。

5.1.3 旅游产业市场竞争力

近年来,赣州旅游产业的市场竞争力明显增强。2015 年至 2018 年,赣州市的入境游客数量、旅游国际外汇收入、国内游客人次以及国内旅游收入等多项旅游经济指标实现了高速增长,旅游产业经济数据在江西省内的排名提升明显。其中,赣州市入境游客数量从 14.06 万人次增至 18.8 万人次,增幅达 26.6%;旅游国际外汇收入从 5115.11 万美元增至 6635.39 万美元,增幅达 29.7%;国内游客人次从 3749.07 万人次增至 6977.33 万人次,增幅达 86.1%,

---

① 佟春生. 系统工程的理论与方法概论[M]. 北京:国防工业出版社,2000:185-186.

在江西省内的排名从2015年的第5名,上升至2018年的第4名;国内旅游收入从366.95亿元增至880.76亿元,增幅达140%,在江西省内的排名从2015年的第5名,上升至2018年的第4名,且与排在第3名的上饶之间的差距也在缩小,具体情况如表5-2、表5-3、表5-4、表5-5所示。

表5-2 2015—2018年江西省各地、市入境游客量及排名

地区	入境游客（万人次）							
	2015	排名	2016	排名	2017	排名	2018	排名
南昌	20.45	4	22.77	4	26.5	3	29.12	2
景德镇	22.85	3	23.43	3	27.43	2	22.44	4
萍乡	6.59	8	6.94	8	7.38	8	6.92	10
九江	25.80	1	27.62	1	30.20	1	33.31	1
新余	2.81	11	2.95	11	3.27	10	3.82	11
鹰潭	4.24	10	4.26	10	2.69	11	7.86	9
赣州	14.06	6	15.89	6	17.67	6	18.80	6
吉安	19.02	5	19.43	5	18.29	5	20.24	5
宜春	9.09	7	10.29	7	12.19	7	12.95	7
抚州	5.14	9	5.36	9	5.67	9	9.09	8
上饶	25.22	2	25.88	2	23.38	4	27.25	3

数据来源:江西省统计年鉴。

表5-3 2015—2018年江西省各地、市入境旅游收入及排名

地区	国际旅游外汇收入（万美元）							
	2015	排名	2016	排名	2017	排名	2018	排名
南昌	7272.65	4	8603.48	2	9971.16	2	12680.93	2
景德镇	8935.16	2	8190.21	4	9707.64	3	9709.19	4
萍乡	2571.13	8	2347.37	8	2515.60	8	2619.43	10
九江	11277.79	1	11473.98	1	11755.84	1	13710.95	1
新余	809.95	11	918.03	11	1079.61	10	1382.72	11
鹰潭	1239.66	10	1363.12	10	903.34	11	2797.75	9
赣州	5115.11	6	5156.83	6	6136.90	6	6635.39	6
吉安	6334.36	5	6527.70	5	6174.39	5	6660.39	5
宜春	2923.06	7	3302.58	7	4134.20	7	5120.91	7
抚州	2342.97	9	2108.35	9	2043.67	9	3038.88	8
上饶	7878.31	3	8462.11	3	8569.31	4	10181.38	3

数据来源:江西省统计年鉴。

表 5-4　2015—2018 年江西省各地、市国内旅游人次及排名

地区	国内游客(万人次)							
	2015	排名	2016	排名	2017	排名	2018	排名
南昌	5271.22	1	6470.11	1	7192.30	1	8545.70	1
景德镇	3098.83	6	3774.35	6	4145.92	8	4930.95	8
萍乡	2649.39	8	3184.71	8	4457.11	7	5005.45	7
九江	5270.05	3	6428.95	3	6692.93	2	8018.66	2
新余	1300.21	11	1576.80	11	3000.11	11	4293.15	11
鹰潭	2309.17	9	2786.38	9	3819.97	10	4390.48	10
赣州	3749.07	5	4597.32	5	5571.87	6	6977.33	4
吉安	4650.31	4	5668.70	4	5846.49	5	6785.54	6
宜春	2720.88	7	3359.17	7	5864.17	4	6876.28	5
抚州	2099.63	10	2633.52	10	3893.87	9	4545.08	9
上饶	5273.42	2	6433.38	2	6579.75	3	7975.43	3

数据来源:江西省统计年鉴。

表 5-5　2015—2018 年江西省各地、市国内旅游收入及排名

地区	国内旅游收入(亿元)							
	2015	排名	2016	排名	2017	排名	2018	排名
南昌	531.89	1	745.87	1	881.35	1	1061.94	1
景德镇	269.02	6	359.67	6	486.17	7	609.44	7
萍乡	209.45	8	269.78	8	470.51	8	593.81	8
九江	527.61	3	736.85	3	825.94	2	1013.16	2
新余	120.63	11	139.21	11	278.63	11	440.83	11
鹰潭	201.86	9	268.90	9	354.39	10	477.20	9
赣州	366.95	5	509.39	5	655.59	4	880.76	4
吉安	410.28	4	563.67	4	651.68	5	804.80	5
宜春	258.22	7	371.03	7	607.26	6	747.51	6
抚州	185.05	10	260.99	10	361.28	9	457.05	10
上饶	529.49	2	729.12	2	819.76	3	1009.28	3

数据来源:江西省统计年鉴。

如图 5-1 所示,2015—2018 年,赣州市旅游市场占有率指标出现分化,其中,国内游客数量占全省比例和国内旅游收入占全省比例处于逐年递增态势,且 2018 年上升幅度较大;2015—2018 年,赣州市入境游客数量占全省的比例和国际旅游收入占全省的比例处于非持续增长态势,2018 年甚至出现了一定幅度的降低。

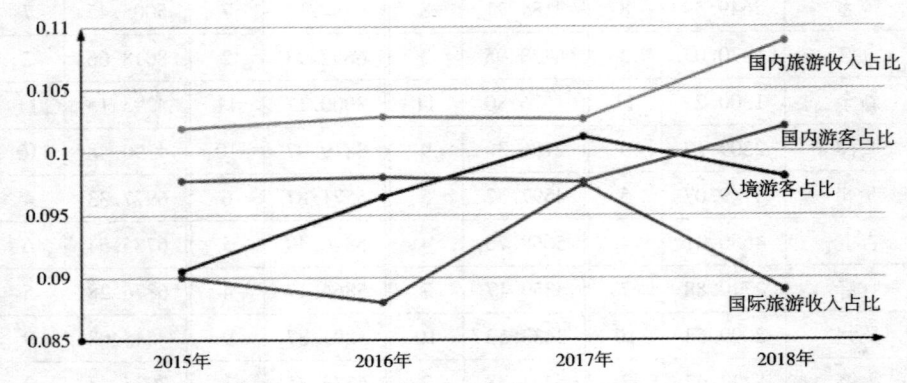

图 5-1　2015—2018 年赣州入境游客数量、国际旅游收入、
国内游客数量、国内旅游收入占江西省比例

5.1.4　旅游产业发展力

1. 旅游综合配套设施情况

近年来,赣州市旅游配套设施不断优化,旅游综合实力明显得到增强。一是旅游资源的深度开发稳步推进。各类旅游资源正得到有效开发,如为了满足人们回归乡村、回归自然的需求,一大批乡村旅游项目应运而生。截至 2018 年底,赣州市已拥有 4A 级以上景区 24 处,其中 5A 级 1 处,各类休闲农业乡村旅游企业 2000 余家,其中省 A 级以上乡村旅游点、星级农家旅馆 76 家。二是旅游基础设施条件更加完善。截至 2018 年底,赣州市基本形成了以高速公路网为主干,铁路、航空为补充的旅游交通体系,赣州中心城区至相关县(市)已开通 9 条旅游直通车;为了提升旅游安全保障条件,赣州市在全国率先实现了"旅游空中免费救援";响应号召,积极扎实推进"厕所革命",2018 年赣州市共建设 A级以上标准旅游厕所 148 座,基本覆盖了全市主要旅游景点和乡村旅游点。三是旅游要素配套更加完善。截至 2018 年底,赣州市已完成 20 条美食街建设,

创评了 21 家客家美食旗舰店,设立了 13 家"赣州礼物"旅游商品旗舰店,旅游星级饭店 71 家,已有四星级以上标准酒店 45 家、在建 43 家,旅行社 68 家,旅行社服务网点 200 个,旅游专业车队 7 家。四是积极推动文化产业与旅游产业融合发展。截至 2018 年底,赣州市 4A 级以上旅游景区都搭建了文化旅游演艺舞台,以《七彩屏山记忆》《丫山情》为代表的文化演艺产品,不仅展示了地方特色文化,也丰富了游客的体验。

表 5-6　2018 年赣州市各县(市、区)星级宾馆及客房数量统计表

县(市、区)	星级宾馆数量	星级宾馆客房数量	县(市、区)	星级宾馆数量	星级宾馆客房数量
合计	74	8671	定南县	3	231
章贡区	15	2035	全南县	1	187
南康区	3	482	宁都县	2	181
赣县区	2	229	于都县	5	397
信丰县	3	415	兴国县	2	334
大余县	2	183	会昌县	2	184
上犹县	2	157	寻乌县	1	92
崇义县	1	116	石城县	4	325
安远县	3	395	瑞金市	17	1891
龙南县	3	254			

资料来源:赣州市统计年鉴。

2. 旅游产品品牌建设情况

截至 2018 年 12 月底,赣州市拥有国家 5A 级旅游景区 1 处,4A 级旅游景区 23 处,3A 级旅游景区 16 处;省 5A 级乡村旅游点 3 个,省 4A 级乡村旅游点 16 个,省 3A 级乡村旅游点 33 个;省级全域旅游示范区 1 个,省级旅游风情小镇 5 个,省工业旅游(示范)点(基地)4 个,省级低碳旅游示范区 5 个,省级旅游度假区 2 个,省级生态旅游示范区 5 个[①]。2018 年,赣州市成功创建各类旅游品牌

---

① 王玮.风起好扬帆,文旅相辉映[N].赣南日报,2019-2-14.

数量48个,具体情况如表5-7、表5-8所示。

表5-7 2018年赣州市新创乡村旅游点

旅游品牌	单位名称	数量
5A级乡村旅游点	石城大畲村	1
4A级乡村旅游点	大余县元龙畲族村、龙南县正桂美丽乡村 全南县沙坝仔神农文化园、赣县区祥云湖紫薇小镇	4
3A级乡村旅游点	定南县黄砂口美丽乡村、崇义县君子谷野果世界 全南县高车乡村公园、会昌县文武坝镇古坊村 赣县区江口镇"都是客"乡村旅游区 于都县梓山田园综合体、信丰县田垅畲族风情园 贵澳农旅石城现代农业示范园 安远县重石乡大坑旅游新村、章贡区火燃美丽乡村 兴国县龙口睦埠田园综合体、宁都县弘铭源生态农庄 石城县仙桃山庄、瑞金市龙潭度假庄园 兴国县杰村含田森林生态旅游区、兴国东龙湾休闲园 寻乌县项山甑度假酒庄、于都县上蕉湖旅游度假区 南康区赤土花果园农庄、崇义县冷杉良田花海影视基地	20

表5-8 2018年赣州市新创省级旅游品牌

旅游品牌	单位名称	数量
省级旅游度假区	大余县丫山旅游度假区	1
省级生态旅游示范区	龙南县虔心小镇 瑞金市罗汉岩 崇义县阳明山 安远县三百山	4
省级旅游风情小镇	会昌县洞头畲族村	1
省级工业旅游示范基地	南康区家具小镇	1
省级全域旅游示范区	石城县	1
省级低碳旅游示范区	大余县丫山风景区 石城县通天寨景区 章贡区五龙客家风情园 瑞金市共和国摇篮景区 崇义县阳明山国家森林公园	5

3. 旅游目的地旅游形象塑造情况

为了塑造旅游形象,提升区域旅游品牌的知名度和美誉度,赣州市推出了多项发展策略。一是实施"一句宣传口号、一本旅游画册、一首旅游歌曲、一个旅游宣传片"等"四个一"旅游工程,在各种媒介投放以"美丽老家·幸福赣州"为主题的旅游宣传广告。二是积极开展各项宣传推广活动。2018年,赣州市、县两级宣传推广活动数量位居江西省第一,例如在德国汉堡市举办了"世界橙乡·生态家园"城市旅游推介会,设立了"赣州市旅游推广驿站"促进赣州与汉堡乃至中德两国在旅游产业方面的合作①。推出"包机、专列、直通车游赣州""赣南脐橙采摘旅游季"、赣州旅游风光全球航拍摄影大赛等宣传推广活动。在北京、上海、广州、香港、澳门、南昌、西安、义乌、厦门、郴州等地组织参加、开展了多场高规格的旅游推介会、特卖会、旅游联谊会和旅游商品博览会,全方位、多角度地宣传推介赣州旅游。三是不断改革创新宣传推广渠道。除了运用广告宣传和活动推广,还借助新媒体宣传推介,制定印发《关于做好旅游"微"营销工作的指导意见》,拓展"微信、微博、微电影"等"微"营销手段在旅游市场宣传推介中的运用,并在赣州旅游微信公众平台、官方微博等全方位、多形式推介赣州旅游线路、攻略及产品。四是积极探索增加营销资金使用有效性的办法。将宣传推广费与引客人数直接挂钩,精准对接客源市场,在深圳、广州、香港、台湾、厦门、南昌等地投入1200万元开展落地营销。同时,配套启动了赣州市旅游精品线路策划项目,引进陕西研学旅行及引客入赣工程约35万游客,打造红色、宋城、客家、阳明文化为主题的相对成熟的精品旅游线路②。

4. 旅游目的地旅游公共信息服务水平

旅游信息服务体系主要包含旅游信息咨询中心、旅游电子政务网、旅游宣传资料、旅游公共标识、旅游资讯服务平台等要素。目前,赣州市已经建设运营赣州旅游资讯网、旅游政务信息平台、赣州旅游App等公共旅游信息平台。

赣州旅游资讯网站是整合赣州旅游企业的营销平台和高标准的旅游电子商务平台。其主要功能有推介赣州市的整体旅游形象,为旅游者提供旅游景

① 王玮. 风起好扬帆,文旅相辉映[N]. 赣南日报,2019 – 2 – 14.
②《赣州市"十三五"旅游产业发展规划》.

区、线路、交通、住宿、气象、安全、医疗急救等信息和咨询服务,提供网上预订、旅游信息实时报送服务。

赣州旅游政务信息平台是区域旅游政务信息平台,负责区域旅游应急指挥、调度以及投诉处理。其主要功能有:一是完善应急指挥、调度和投诉处理体系建设,使重大旅游突发事件、旅游安全事件、异地旅游投诉等得到及时解决,区域旅游信息实现共享互换;二是做好风景环境资源损害事件的投诉、预警和应对措施;三是推进各市旅游管理网上办事大厅建设,实现行政审批事项网上申请、查询、办理,促进政务信息公开。

"赣州旅游App",是赣州市文化广播新闻出版旅游局与有关企业联合打造的赣州官方旅游资讯平台。该平台致力于深挖赣州本地及周边优质旅游资源,服务本地旅游景区信息化,为本地市民及外地来赣游客提供便捷的旅游出行服务。"赣州旅游App"不仅为游客提供在线优惠购票、景点导览、路线导航、线路预订、智能推送、圈子分享等服务,更融合了酒店预约、餐馆预订、在线购物、出行服务等旅游周边行业的服务。该平台重点打造"门票预订""农家乐预订""美食预订""酒店预订""跟团游""直通车"等特色模块,全方位满足旅游者的不同旅游需求①。但是,笔者通过访谈调查发现,不论是赣州本地居民还是外地游客,了解或者使用过"赣州旅游App"的人,数量还是十分有限的。因此,如何让更多的旅游者和居民了解和使用"赣州旅游App"是一个需要关注的问题。

5. 旅游产品开发情况

为了应对旅游市场需求的变化,赣州市旅游产品逐渐由观光旅游为主,转向观光、休闲、度假、商务等多元化方向发展。随着传统旅游景点的创新改造以及新型旅游项目的落地运营,赣州乡村旅游已经形成六大产品系列。

一是红色旅游产品。为了加强革命遗址保护和利用,建设以瑞金为核心,辐射兴国、于都、宁都、石城等地的"红色故都"旅游经典,重点将瑞金打造成"共和国摇篮"红色旅游名城,将兴国打造成红色文化旅游名县,将于都打造成长征文化旅游名县,在宁都建设中央苏区反"围剿"战争纪念园,在大余、信丰建设南方红军三年游击战争纪念园。赣州市规划在2016至2020年完成红色文化体

---

① 王玮. 我市智慧旅游将迈入2.0时代[N]. 赣南日报,2017-7-27.

验主题公园、瑞金红色文化产业园、于都县长征体验园、宁都小布镇红色革命旧址群、石城县阻击战纪念园、中央苏区南大门红色旅游综合开发、大余陈毅隐蔽处景区、安远县红色文化旅游开发建设项目等八个大型红色旅游项目。

二是客家文化旅游产品。依托赣州深厚客家文化旅游资源,将区域内客家旅游大县的主要景点串联起来。加强客家围屋保护修缮,加快推进客家围屋申遗。建设以龙南客家围屋为核心,包括赣县、定南、全南、安远等地景区的"客家摇篮"旅游经典,支持兴国打造堪舆文化精粹。借鉴永定客家土楼经营模式,在发展围屋观光旅游时,拓展客家餐饮、客家民宿、民俗体验等旅游产品开发。

赣州市规划在2016至2020年完成龙南围屋文化欢乐园、安远县东生围围屋群旅游区、九龙山采茶戏文化旅游区、会昌羊角水堡文化旅游开发、定南莲塘古城景区、赣县白鹭古村、石城闽粤通衢景区、客家文化体验园、客家风情主题游乐园、赣县"一城两园"(客家文化城、名人园、民俗园)提升项目、瑞金九堡密溪古村旅游区等十一个大型旅游项目。

三是生态休闲旅游产品。依托赣州丰富的生态资源优势,将区域内生态旅游大县的主要旅游景区串联起来,着力于打造国家生态旅游示范区。重点将安远三百山、大余丫山、上犹陡水湖等创建为国家生态旅游示范区(国家级旅游度假区),将安远、石城、崇义、上犹等打造成休闲度假旅游名县。打造赣县宝莲山、石城通天寨与赣江源、崇义阳岭与上堡梯田、龙南小武当山与九连山、宁都翠微峰、会昌汉仙岩、全南古韵梅园、于都屏山牧场、定南九曲明俊度假区、寻乌县云盖崇等生态休闲旅游经典景区。赣州市规划在2016至2020年完成赣州市陡水湖区域旅游开发、龙南市九连山国家级旅游度假区、龙南市虔心小镇休闲度假区、全南县南迳古韵梅园、会昌县汉仙养生旅游度假区、石城县赣江源生态养生度假区建设项目、瑞金市罗汉岩景区综合开发、瑞金市自驾车房车营地项目、石城县八卦脑景区、定南县仙湖文化生态旅游产业园、定南县九曲河风景画廊景区、定南县云台山雪乡茶园景区、石城县通天寨景区、会昌县洞头畲乡风情旅游项目、大余县丫山乡村生态度假景区、寻乌县东江源桠髻钵山景区、寻乌县云盖崇生态休闲文化景区等十八个旅游项目的建设。

表 5-9　赣州市现有省级 A 级乡村旅游点一览表

序号	项目名称	评定年份	级别
1	龙南市虔心小镇	2017	5A
2	大余县大丫山乡村生态园	2015	5A
3	石城县大畲旅游区	2018	5A
4	上犹县梅水乡园村	2012	4A
5	瑞金市沙洲坝镇沙洲坝村	2012	4A
6	石城县大畲旅游新村	2012	4A
7	龙南市里仁镇栗园围	2012	4A
8	龙南市里仁镇客家酒堡	2012	4A
9	瑞金市云石山乡松山坪村	2012	4A
10	赣县区白鹭乡白鹭古村	2012	4A
11	于都县屏山牧场旅游区	2014	4A
12	瑞金市源润潭生态农庄	2014	4A
13	大余县新城周屋	2016	4A
14	会昌县洞头乡	2016	4A
15	上犹县柏水寨创意农业园	2016	4A
16	赣州市花田小镇生态休闲农园	2017	4A
17	大余县元龙畲族村	2018	4A
18	龙南市正桂美丽乡村	2018	4A
19	全南县沙坝仔神农文化园	2018	4A
20	赣县区祥云湖紫薇小镇	2018	4A

四是乡村田园旅游产品。截至 2018 年底，赣州已经建成 20 家江西省 A 级乡村旅游点，具体情况如表 5-9 所示。赣州充分利用优质的自然山水环境，实施一村一品建设，完善环境设施，提升乡村休闲旅游品质，开发乡村休闲度假专项旅游精品系列。重点推进城郊田园游、垂乐游、科普游、农家游、赏乐游、观光游、购物游和采摘游。以"赏花、赏荷、赏枫、赏梅"等为主题，重点开发建设、完

善和提升一批A级乡村旅游点。适时开发建设和配套完善一批乡村旅游度假小镇,导入乡村旅游发展新业态,如现代家庭农场、主题庄园、精品民宿、乡村旅游景区、休闲农园等。赣州市规划在2016至2020年完成赣县区五云祥云湖景区、崇义县上堡梯田景区开发项目、信丰县仙水湖旅游风景区、宁都县现代农业科技示范园、于都县屏山旅游区、"兴国山水"生态旅游开发项目、上犹县柏水寨休闲度假项目、石城县红石寨休闲度假旅游项目、会昌县洞头畲乡风情旅游项目、瑞金市休闲农业文化旅游项目等十个景点的建设。

五是康养旅游产品。康养旅游拥有良好的市场需求和市场前景。赣州将利用区域内丰富的温泉资源,开发建设和提升改造一批品牌温泉养生旅游度假区、温泉小镇。加快发展以竞赛表演业为重点的城市体育旅游。发展一批体育公园、体育休闲基地及群众喜闻乐见的传统体育旅游项目;主动融入环鄱阳湖国际自行车大赛;努力打造"中国攀岩之都"体育品牌,多形式建设攀岩主题公园,引进高级别攀岩赛事,引入著名体育用品企业等相关产业,打造成最具特色的体育旅游产业链。赣州市规划在2016至2020年,完成寻乌县青龙岩温泉生态旅游区、安远县东江源温泉旅游度假区三百山温泉养生中心、龙南市龙秀温泉景区、崇义县茶滩鹿坑热水湖温泉开发、崇义县齐云山国家级自然保护区旅游开发项目、会昌县汉仙盐浴温泉度假区、石城县东华山山地温泉小镇、全南县攀岩主题公园、大余县河洞温泉项目、定南县玉石温泉度假区等十个旅游项目的建设。

六是特色文化旅游产品。赣州市正在努力将特色文化资源转化为旅游产品,形成宋城文化、客家文化、红色文化、温泉文化、民俗文化、宗教文化等旅游产品。以客家围屋申报世界文化遗产为契机,加快文化与旅游深度融合发展,支持打造"赣南特色"旅游文化品牌。支持于都寒信峡堪舆文化旅游区、上犹油画创意产业园、兴国三僚风水文化景区、大余牡丹亭文化公园、会昌古城文化旅游景区与汉仙岩传奇旅游演艺、龙南客家围屋文化旅游城、九龙山采茶戏文化旅游区等文化旅游产业项目开发建设。赣州市规划在2016至2020年完成兴国三僚风水文化景区提升项目、南康家具博览园项目、南康恐龙文化产业园、上犹油画创意产业园、大余西华山钨矿国家矿山公园、大余牡丹亭文化公园项目、会昌古城文化旅游景区项目、于都寒信峡堪舆文化旅游区等八个项目的建设。

5.1.5 旅游产业发展环境

1. 旅游业发展定位及政府政策支持水平

确立了"把旅游业作为国民经济新的支柱产业加以培育和扶持"的旅游发展战略。该发展战略的制定和落实,显示了赣州市政府对旅游产业的重视程度。

第一,积极推进全域旅游建设,出台了《赣州市发展全域旅游奖励办法》《赣州市全域旅游发展总体规划》,建立起旅游发展委员会兼职委员制度。像抓工业一样抓旅游,"一把手"带头谈项目、抓落实,形成加快发展全域旅游的强大合力。截至 2018 年底,赣州市 9 个县(市)完成了全域旅游规划编制,15 个县(市、区)出台了全域旅游支持政策或奖励办法。

第二,出台支持旅游业发展的具体政策和办法。首先,设立赣州文化旅游产业发展基金,不断拓宽旅游企业的融资渠道,支持旅游企业采取项目特许权、经营权、景区门票质押担保等方式扩大融资规模,支持集体与个人以物权入股方式参与旅游项目的开发经营等。其次,扎实推进落实"多规合一",各级旅游主管部门进入同级规划委员会、土地管理委员会成员单位,增强旅游部门对各种上位规划编制的话语权①,同时把旅游发展规划作为其他规划的方向性指引和约束性指标。再次,落实旅游发展用地政策。全面落实 2015 年国土资源部(现自然资源部)、住房和城乡建设部、国家旅游局印发的《关于支持旅游业发展用地政策的意见》,制定实施办法,多方式供应建设用地,保障乡村旅游、自驾车(房车)营地旅游、研学旅游等旅游新业态项目的用地需求。最后,对投资大、发展前景好的旅游重点项目和旅游公共服务设施项目,优先保障新增建设用地计划指标,支持使用未利用地、废弃地等土地建设旅游项目。

2. 旅游市场秩序管理情况

赣州市通过建立健全旅游质量和旅游安全组织管理机构、大力实施法制化和标准化建设、强化旅游行业综合整治、扎实开展旅游行业诚信建设等工作,加大对旅游市场秩序规范化管理力度,进一步建立和完善旅游安全系统,优化旅

---

① 唐璇.旅游改革创新先行区探索与思考——以乐山市为例[J].现代商贸工业,2017(3):34.

游环境建设取得明显成效。创新行业监管方式,面向社会聘请了旅游行风与服务质量义务监督员,并通过召开座谈会和实地考察旅游景区等形式,收集并回复广大游客对赣州旅游的意见和建议,充分发挥社会监督作用,促进旅游行风建设及旅游服务质量的提高。"十二五"期间,赣州从未发生一例重大旅游安全责任事故,旅游投诉结案率和满意率均为100%。

3. 旅游人才培养与从业人员培训情况

旅游人才不足是制约许多地方旅游业发展的难题,赣州也同样面临着类似的问题。目前,赣州市各类旅游人才都比较缺乏,旅游从业人员整体素质偏低。近年来,由于团队游客下降也导致持证导游大量流失。赣州市持有导游证人员2180人,一线导游人员仅300余人,不能满足赣州现代旅游业发展的需要①。

截至2018年底,赣州市有旅游人才培养院校8所,培养对象涵盖中专、大专、本科和硕士四个层次,培养专业有旅游管理、酒店管理、旅游服务等三个专业,具体情况如表5-10所示。

表5-10 赣州市旅游人才培养院校一览表

序号	学校	培养层次	专业
1	赣南师范大学	本科、硕士	旅游管理
2	赣州旅游职业学校	中专、大专	旅游服务与管理
3	江西赣州理工学校	中专	旅游服务与管理
4	赣州市育才职业中等专业学校	中专	旅游与酒店管理
5	赣州职业技术学院	中专、大专	酒店管理与旅游
6	赣南汽车职业技术学校	中专	旅游服务与管理
7	赣县职业技术学校	中专	旅游服务与管理
8	赣州市第一职业技术学校	中专	酒店管理与旅游服务

资料来源:网络资料搜集整理。

---

① 《赣州市"十三五"旅游产业发展规划》。

赣州市及辖区县根据当地旅游发展的实际需要，先后多次举办了不同类型的旅游培训班。2019年9月20日，赣州市委宣传部、市文广新旅局主办的赣州市文化旅游讲解员第一期培训班（红色片区）开班，瑞金市、于都县、兴国县、寻乌县、石城县、宁都县、会昌县的学员共计105名，培训课程包含为期10天的课堂理论培训及景区线路实训。龙南县2017到2019年连续三年开设导游讲解员培训班。石城县2017到2019年也曾多次开设导游讲解培训班和红色讲解员培训班。宁都县文广新旅局2019年7月举办讲解员、导游培训班，全县各文化场馆、景区、乡村旅游点讲解员、各涉旅企业（含旅行社、酒店、餐饮、文创等）相关工作人员共100余人参加了培训。赣州市旅游业的快速发展，对从业人员的素质必然要求更高，因此，各县市需要进一步加强旅游培训的专业性和针对性。

4. 生态自然环境

赣州位于赣江上游、江西南部，是珠江三角洲、闽东南三角区的腹地，是内地通向东南沿海的重要通道，也是连接长江经济区与华南经济区的纽带，自然资源丰富，生态环境优良，生态区位重要。赣州是江西母亲河——赣江和香港饮用水源地——东江的源头，森林覆盖率达76.4%，是全国十大森林覆盖率最高的城市之一、我国南方地区重要的生态屏障。

近几年来，赣州市各级党委政府高度重视生态环境保护工作，以落实大气、水、土三个"十条"为重点，加大污染防治力度，针对突出环境问题采取了一系列扎实有效的措施，环境质量明显改善。2017年，赣州市空气质量稳定在国家二级标准，中心城区优良天数比例达84.3%，地表水主要断面水质达标率达91.19%。南方地区生态屏障初步形成。赣州市森林覆盖率为76.2%，现已建立市级以上自然保护区12个、国家和省级森林公园30处、湿地公园19个，初步形成了类型、功能、布局较为合理的自然保护区及各级森林公园、湿地公园网络，基本构建了生态屏障①。

环境空气质量状况。2019年赣州市中心城区开展了环境空气质量监测，监

---

① 吴运连.赣州市生态环境现状及污染防治对策建议[J].江西化工，2018(6)：28.

测点位 5 个,其中评价点 4 个、对照点 1 个。执行《环境空气质量标准》(GB 3095—2012)和 AQI 技术规定,监测项目为 SO_2、NO_2、CO、O_3、PM_{10}、$PM_{2.5}$ 六项。赣州市空气质量全年优良率为 85.2%。

水资源情况。2019 年赣州市 16 个国控断面监测断面达标率为 97.4%,水质状况为优;10 个省控断面全年监测断面达标率为 99.2%,水质状况为优;22 个县界水质监测断面全年监测断面达标率为 93.2%,水质状况为优;24 个县级集中式饮用水源地,Ⅰ至Ⅲ类水质断面比例为 98.9%,水质状况为优[①]。

5.2 赣州市乡村旅游目的地营销绩效评价

5.2.1 数据采集

乡村旅游目的地营销绩效指标评价体系,既包括旅游总收入占 GDP 比重、旅游外汇收入占旅游收入的比重、旅游税收占总税收比重、旅游营销投资回报率等定量数据,也包括游客满意度、旅游服务质量、旅游产业发展定位、旅游业政府政策支持水平等定性数据。定量数据的获取方式,主要通过查阅中国统计信息网、江西省文化和旅游厅政务网、江西省统计局政务网、赣州政务网、赣州市文化广电新闻出版旅游局、赣州市国家税务局等公布的官方信息,定性数据主要是通过专家打分的方式获取。专家小组由 13 人组成,分别来自相关旅游研究科研院所及高校、相关旅游企事业单位以及旅游行业协会。

5.2.2 综合评价

1. 模糊综合评价

首先,将调查访问材料、间接获得的数据材料、各种官方统计数据,采用模糊数学和精确数学方法对各个指标进行定量估算。其次,由评判专家小组的成员根据提供的参考资料和评判等级标准依次对各个指标进行评价。最后,汇总统计评判专家小组的测评结果,得出赣州市乡村旅游目的地营销绩效评价指标的等级。

---

① 《2019 年赣州市环境质量年报》。

表 5-11 赣州市乡村旅游目的地营销绩效评价指标等级表

目标层	一级指标	权重	二级指标	权重	评语等级 优	良	一般	差
乡村旅游目的地营销绩效评价体系	经济效益 U1	0.35	U11 旅游总收入占GDP比重	0.5037	0.4	0.5	0.1	0
			U12 旅游外汇收入占旅游收入比重	0.165	0	0	0.4	0.6
			U13 旅游税收占总税收比重	0.1871	0	0.4	0.6	0
			U14 旅游营销投资回报率	0.1442	0	0.6	0.3	0.1
	社会效益 U2	0.074	U21 旅游就业比率	0.579	0	0.6	0.4	0
			U22 旅游从业人员增长率	0.291	0.4	0.4	0.2	0
			U23 入境游客比率	0.13	0	0	0.8	0.2
	旅游产业市场竞争力 U3	0.308	U31 区域游客市场占有率	0.296	0	0.4	0.5	0.1
			U32 旅游收入增长率	0.191	0.3	0.6	0.1	0
			U33 旅游者增长率	0.166	0.2	0.5	0.3	0
			U34 游客满意度	0.202	0.1	0.4	0.4	0.1
			U35 旅游服务质量	0.145	0.1	0.4	0.4	0.1
	旅游产业发展力 U4	0.182	U41 旅游吸引物开发与管理	0.203	0.1	0.4	0.5	0
			U42 旅游公共信息服务	0.104	0	0.3	0.4	0.3
			U43 旅游促销与宣传	0.046	0.1	0.7	0.1	0.1
			U44 旅游住宿设施	0.184	0.1	0.5	0.4	0
			U45 旅游交通	0.184	0	0.3	0.4	0.3
			U46 旅行社	0.098	0	0.4	0.4	0.2
			U47 旅游餐饮	0.125	0.3	0.4	0.3	0
			U48 旅游购物	0.055	0.1	0.4	0.5	0
	旅游产业发展环境 U5	0.085	U51 旅游产业发展定位	0.081	0.4	0.4	0.2	0
			U52 旅游业政府政策支持水平	0.150	0.5	0.4	0.1	0
			U53 旅游业管理体系建设水平	0.277	0.1	0.4	0.4	0.1
			U54 旅游人才培养与从业人员培训	0.208	0	0.4	0.4	0.2
			U55 生态自然环境	0.150	0.4	0.4	0.2	0
			U56 旅游市场秩序与旅游安全	0.135	0.3	0.4	0.3	0

(1) 一级模糊评价

$$B_1 = W_1 \cdot R_1 = [0.5037 \quad 0.165 \quad 0.187 \quad 0.1442] \begin{bmatrix} 0.6 & 0.3 & 0.1 & 0 \\ 0 & 0 & 0.6 & 0.4 \\ 0.1 & 0.5 & 0.4 & 0 \\ 0.1 & 0.6 & 0.3 & 0 \end{bmatrix}$$

$$= [0.335 \quad 0.3310 \quad 0.267 \quad 0.066]$$

乡村旅游目的地营销的经济效益评价结果为优,说明近些年赣州市旅游产业发展速度较快,旅游产业对当地的经济贡献较强。

$$B_2 = W_2 \cdot R_2 = \begin{bmatrix} 0.579 & 0.291 & 0.13 \end{bmatrix} \begin{bmatrix} 0 & 0.6 & 0.4 & 0 \\ 0.4 & 0.4 & 0.2 & 0 \\ 0 & 0 & 0.8 & 0.2 \end{bmatrix}$$

$$= \begin{bmatrix} 0.1164 & 0.4638 & 0.452 & 0.026 \end{bmatrix}$$

乡村旅游目的地营销的社会效益评价为良,说明近些年赣州市旅游产业不仅在促进经济发展方面发挥了较大的作用,还在促进赣州社会综合性发展、拉动就业等方面发挥了较大的作用。

$$B_3 = W_3 \cdot R_3 = \begin{bmatrix} 0.296 & 0.191 & 0.166 & 0.202 & 0.145 \end{bmatrix} \begin{bmatrix} 0.1 & 0.6 & 0.3 & 0 \\ 0.4 & 0.6 & 0 & 0 \\ 0.5 & 0.5 & 0 & 0 \\ 0.2 & 0.5 & 0.3 & 0 \\ 0.1 & 0.4 & 0.4 & 0.1 \end{bmatrix}$$

$$= \begin{bmatrix} 0.245 & 0.534 & 0.207 & 0.015 \end{bmatrix}$$

乡村旅游目的地营销的旅游产业市场竞争力评价为一般。评价结果表明赣州市旅游产业的市场综合竞争力不够强,还有很大的提升空间。依据所选取的评价指标,赣州市旅游业市场竞争力不高的原因,主要来源于区域旅游市场占有率和旅游服务质量两个方面。赣州市旅游业客源市场目前主要集中在赣州市及周边地区,客源市场比较单一是导致区域旅游市场占有率不高的主要原因。旅游服务质量存在的问题主要源于基本的旅游配套设施如交通、住宿和服务的不完善。

$$B_4 = W_4 \cdot R_4 = \begin{bmatrix} 0.203 & 0.104 & 0.046 & 0.184 & 0.184 & 0.098 & 0.125 & 0.055 \end{bmatrix} \begin{bmatrix} 0.1 & 0.4 & 0.5 & 0 \\ 0 & 0.3 & 0.4 & 0.3 \\ 0.1 & 0.5 & 0.3 & 0.1 \\ 0.1 & 0.5 & 0.4 & 0 \\ 0 & 0.3 & 0.4 & 0.3 \\ 0 & 0.4 & 0.4 & 0.2 \\ 0.3 & 0.4 & 0.3 & 0 \\ 0.1 & 0.4 & 0.5 & 0 \end{bmatrix}$$

$= [0.097\ 0.394\ 0.408\ 0.111]$

乡村旅游目的地营销的旅游产业发展力评价为一般。依据所选取的评价指标,旅游产业发展力不高的原因主要源于旅游公共信息服务、旅行社以及旅游交通评分较低。

$$B_5 = W_5 \cdot R_5 = [0.081\ 0.15\ 0.277\ 0.208\ 0.15\ 0.135] \begin{bmatrix} 0.4 & 0.4 & 0.2 & 0 \\ 0.5 & 0.4 & 0.1 & 0 \\ 0.1 & 0.4 & 0.4 & 0.1 \\ 0 & 0.4 & 0.4 & 0.2 \\ 0.4 & 0.4 & 0.2 & 0 \\ 0.3 & 0.4 & 0.3 & 0 \end{bmatrix}$$

$= [0.236\ 0.4\ 0.296\ 0.069]$

乡村旅游目的地营销的产业发展环境评价为良,表明赣州拥有有利于旅游产业发展的自然环境和社会环境,这是保障赣州旅游业保持快速发展的外在基本条件。

(2)二级模糊评价

$$B = W \cdot R = [0.35\ 0.074\ 0.308\ 0.182\ 0.085] \begin{bmatrix} 0.335 & 0.331 & 0.267 & 0.066 \\ 0.1164 & 0.4638 & 0.452 & 0.026 \\ 0.245 & 0.534 & 0.207 & 0.015 \\ 0.097 & 0.394 & 0.408 & 0.111 \\ 0.236 & 0.4 & 0.296 & 0.069 \end{bmatrix}$$

$= [0.239\ 0.42\ 0.29\ 0.056]$

根据最大隶属度原则,赣州市乡村旅游目的地营销绩效评价为良好。

第6章 赣州市乡村旅游目的地营销对策与建议

赣州市乡村旅游目的地营销绩效总体评价结果为良好,表明近些年赣州市旅游业整体发展情况较好,同时也反映出不少急需解决的问题,这些问题是否能够得到较好的解决,将直接影响赣州市旅游业的进一步发展。

6.1 加强旅游形象品牌的传播

旅游目的地形象的塑造离不开传播,有效的传播可以加深旅游者对旅游目的地的认识和印象,激发旅游者出游的欲望。随着旅游目的地的发展和新媒体的出现,旅游目的地形象的宣传理念和宣传方式也应该进行相应的转变。

首先,树立整合营销理念。旅游目的地实施整合营销已经成为共识,国内许多省份和城市,通过整合营销树立起了旅游形象。整合营销传播作为一种营销传播计划,通过评价广告、直接营销、销售促进和公共关系等传播方式的战略运用,将不同的信息进行完美的组合,从而最终形成明确的、一致的和最有效的传播影响力。在国内也有一些省份和城市,通过整合营销策略,树立起了良好的旅游形象,山东省就是一个比较典型的范例。目前,许多地方实施的"八个一"旅游宣传工程,即一张好的导游图、一套好的解说系统、一本好的旅游手册、一部好的旅游风光片、一首好的旅游歌曲、一个好的旅游徽标、一场好的旅游节庆活动等,正是实施旅游整合营销理念的体现。此外,还可以借助编制导游丛书、文化丛书,电影,电视,印刷媒介,新媒体,体育赛事,展览,节庆活动等形式实现旅游目的地整合营销。

具体到当前赣州乡村旅游目的地营销的实践,赣州旅游目的地整合营销可从以下几个方面入手:一是注重内部推广,设计赣州旅游标识并在旅行社、3A级以上景区、星级饭店等凡是顾客能接触的地方,均使用赣州旅游形象标志,各个主要的旅游县市分别制作本市的旅游宣传片,对外推广;二是加强外部推广,统一形象,在对外宣传、经贸往来活动中统一使用带有"红色故都,客家摇篮"标识的宣传品,在中央电视台、江西卫视、海内外主要客源市场主流平面媒体、网络媒体以及大旅行社网站,开展旅游形象宣传;三是提高旅游产品品质,进一步完善提高红色旅游产品、生态旅游产品以及客家文化旅游产品的品位;四是统一服务标准,详细制定适用于赣州市境内旅行社、星级饭店、星级餐馆、旅游景区、旅游汽车公司、旅游购物、娱乐场所、高速公路服务区、飞机场、火车站、汽车站、码头等旅游服务场所的旅游服务标准;五是积极打造具有品牌效应的旅游文化节庆活动。赣州市每年会举办数量不少的节庆活动,但是具有品牌影响力的却不多,在现有节庆活动中,选择赣南脐橙节、赣州文化旅游节、南康家具博览会等展会进行提升,打造成为具有国内知名度的品牌节庆活动,使其成为展示赣州旅游形象的窗口和独具特色的旅游吸引物。

其次,注重协同营销。区域旅游协同发展,从旅游活动特征和旅游业经营规律出发,跨越行政区划限制,充分发挥各地区旅游资源优势,精心组织旅游线路和产品,共享客源市场,组建优势互补、资源共享、风险共担、利益共赢的协同体,是区域旅游发展的必然选择,也是实现区域旅游规模经济、解决区域旅游经济发展不平衡的有效途径[①]。赣州市作为江西省最大的地级市,辖区内有十八个区、县,不同县、区乡村旅游产业发展不平衡的问题比较突出。不断促进不同县、区旅游产业的协调发展,是赣州市旅游产业进一步做大做强的途径。目前,赣州旅游产业协调发展的发展方向已经初步形成。"红色故都,客家摇篮"是赣州的旅游宣传口号,它高度概括了赣州的旅游特色,也获得了本地居民和外来游客的高度认可。赣州"十三五"旅游规划以建设全国著名红色旅游目的地、全国知名休闲度假旅游区、区域性旅游中心城市为发展定位,规划了"一核驱动、三区互动"的空间发展结构。一核——以赣州中心城区(包括章贡区、开发区、南康区、赣县区等)旅游大发展打造旅游城市,构建具有赣州特色城乡一体的古色养志、宋城怡情、风水养人、赣州养家的"城市休闲综合体"和绿色养心、空气养肺、山水养眼、果蔬养颜的"健康休闲旅游综合体",将中心城区建设成为区域

---

① 邢晓玉,李爱兰.基于协同理论的济宁市旅游产业发展研究[J].宜春学院学报,2011(9):33.

性旅游中心城市,真正使中心城区成为赣州旅游产业发展的核心增长极。三区——东北部以瑞金为中心,涵盖会昌、兴国、宁都、于都、石城、信丰、寻乌和赣县东部等,构建红色旅游休闲区;西部以上犹为中心,涵盖崇义、大余等,构建生态旅游休闲区;南部以龙南为中心,涵盖定南、全南、安远等,构建客家文化休闲区。进一步落实"一核三区"旅游产业发展规划,扎实推进相关旅游项目建设,促进赣州旅游产业的协调发展,是今后一段时期赣州旅游产业发展的要务。

6.2 积极提升旅游产业竞争力

旅游目的地要提升竞争力,必须在保持现有客源市场的同时,积极挖掘潜在客源市场,提高市场占有率,尤其是旅游业发展处于上升时期的旅游目的地,更应该重视旅游市场的维护和拓展。近年来,江西省旅游产业的发展十分迅速,国内旅游收入、旅游人次等多项经济指标在全国中的排名处于稳步提升态势。目前,江西省内的九江、上饶、景德镇等城市旅游业的综合实力强于赣州,而且发展势头强劲。赣州市在国内游客数量、入境游客量、旅游综合收入以及知名度等方面,与这些城市存在一定的差距。面对当前激烈的竞争形势,赣州市必须要加快旅游市场的开发,不仅要加快国内旅游市场的开发,也要注重开拓国际旅游市场,唯有如此,赣州旅游产业的竞争力才能得到不断提升。

6.2.1 国际旅游市场开发

近年来,赣州市入境游客的数量虽然呈现逐年递增态势,但是在全省入境游客总量中的占比却出现了明显的下降,说明赣州市入境旅游市场开发的速度低于省内的上饶、九江、南昌等城市。赣州拥有独具魅力的自然和文化资源,随着对外交通条件的改善以及相关旅游配套设施水平的提高,初步具备了开发入境旅游市场的潜力。加强国际旅游市场的开发,可从以下三个方面入手:一是积极组织赣州辖区的旅游企业参加目标客源国市场举办的旅游展览会,进行旅游宣传和促销,并在境外旅游专业媒体上刊登赣州旅游宣传广告;二是广泛邀请境外旅游局、旅行商和新闻媒体到赣州市进行旅游线路产品的考察和业界交流,为后续合作建立销售网络打下基础;三是加强与国家旅游局驻海外办事处、省侨办、中国旅行社等组织和机构的联系,为赣州进行海外旅游宣传促销创造良好的外部条件。

6.2.2　国内旅游市场开发

《2018年度江西旅游市场大数据分析报告》显示,江西省旅游客源地域结构方面,"江西人游江西"占主导,省外客源市场占比提升,华东地区客源占比最大,西北地区客源增长最快,粤、浙、沪、苏游客最多,周边省份客源呈负增长①。依据赣州旅游资源特征和区位特征,未来赣州国内旅游市场的开发战略应该立足海西经济区和粤港澳大湾区,开拓长三角、长株潭的客源市场。一是开发福建龙岩、三明以及厦漳泉区域,深港澳大湾区市场和江西省客源市场。首先,随着深赣高铁开通,旅游意愿高、收入水平高且临近赣州的广东将成为石城的首要中高端客源市场,主要为惠州、广州、深圳、河源等京广高铁沿线以及香港澳门;其次开发距离较近、交通便捷的上饶市、吉安市等周边区县,以及南昌市、抚州市、韶关市等距离较近的城市的旅游市场。二是开发江西省周边的福建省、湖南省、湖北省、广东省的大城市,京九沿线的大城市,主要包括长沙、株洲、湘潭、厦门、漳州、泉州、武汉、上海、南京、苏州、杭州等大城市。三是积极拓展京津冀、华中、东北和西南地区的重点城市。

6.2.3　推动旅游企业发展

旅游企业是旅游市场主体。要提升赣州旅游业的竞争力,必须把提升旅游企业的规模和实力为突破口。近些年,赣州通过招商引资,带动辖区内优质资源的开发,吸引了一大批资金和企业。为了进一步推动赣州旅游企业的发展,一是要抓龙头带动,推动本土优势旅游企业实施跨地区、跨行业、跨所有制兼并重组,打造跨界融合的产业集团和产业联盟。二是出台旅游招商引资工作指导意见,引进一批旅游集团、酒店集团、旅行社、旅游文化演艺企业、旅游投资及运营企业、旅游装备及商品制造企业、旅游新业态企业等龙头企业落户赣州。三是支持赣州旅投集团规模化、集团化、联合化发展,鼓励整合开拓市外优质旅游资源,做大做强主营业务。

---

① 人民网江西频道.江西旅游大数据:去年接待游客总人数6.9亿人次[A/OL].2019-1-30. http://jx.people.com.cn/n2/2019/0130/c190260-32595079.html.

6.3 提升旅游公共服务水平

在大众旅游时代,散客旅游占据了旅游市场的绝对份额,散客旅游对旅游目的地旅游公共服务设施的需求度和依赖度很高。因此,为了应对游客的需求必须大力提高旅游公共服务水平。赣州市把旅游业列为重要战略支柱产业,要保障该战略的最终实现,必须大力提高旅游公共服务水平。与旅游发达城市相比,赣州市旅游公共服务设施依然落后,是制约赣州旅游服务水平进一步提升的主要因素之一。

6.3.1 完善旅游公共信息服务体系

在国内,杭州市的旅游信息服务体系是最为完整和有效的。杭州市已经实现了旅游咨询中心、旅游信息网、旅游服务热线三者的互动,形成了名副其实的旅游资讯服务体系。赣州旅游公共信息服务体系建设可以学习、借鉴杭州市的成功经验。一是以制定旅游公共信息标准为基础,完善与相关部门的信息沟通机制,充分利用现代信息技术,整合旅游公共信息资源,扩大旅游公共信息服务的覆盖面,提高旅游信息服务的水平。二是以建设旅游咨询中心示范项目作为突破口,完善以旅游资讯网站为中心的旅游信息服务集群,以各类旅游咨询中心为基础的现场信息服务窗口和以旅游服务热线为基础的旅游信息声讯服务系统,形成覆盖不同人群的旅游信息服务体系[①]。三是编制旅游宣传资料。虽然现在游客可以通过手机、电脑等电子产品,快捷、方便地获取旅游信息,但是传统纸质旅游宣传资料依然不能缺少。制作精美的旅游宣传资料,不仅可以让旅游者更加直观地了解旅游信息,方便游客了解更多的旅游目的地相关信息,还可以作为旅游纪念品,丰富游客的旅游体验。以杭州为例,杭州相关旅游管理组织设计了地图、书签、折页等形式的旅游宣传材料,并且将这些宣传材料放在酒店、景区等游客出入的地方,游客可以免费获取。这些纸质旅游宣传材料不仅制作精美,而且非常实用,让游客爱不释手,起到了非常好的宣传作用,也让游客感受到杭州这个城市对游客细致入微的服务。

---

① 《中国旅游公共服务"十二五"专项规划》.

6.3.2 完善旅游交通便捷服务体系

交通运输是旅游业发展的重要前提和基础支撑。交通基础设施建设的完善程度对旅游产品的品质产生重要影响,也是影响游客满意度的重要因素之一。针对赣州目前旅游交通的发展情况,可从以下几方面完善旅游交通便捷服务体系:首先,以公共交通网络为依托,加强与交通、铁路、民航等部门的合作,强化旅游服务功能,在服务内容、服务项目、服务方式、运行机制等方面与国际接轨;其次,从满足散客交通需求出发,逐步建立网络化的旅游交通集散体系;再次,为了应对当前自驾旅游快速发展的趋势,完善旅游交通标识引导系统、建设自驾旅游营地,形成便捷的旅游交通服务网络。

6.3.3 完善旅游便民惠民服务体系

旅游是生活的调味剂,饱含着人们对美好生活的向往与期待。旅游产业不仅是一个经济产业,更是一个"幸福产业"。让旅游产业回归生活、回归旅游者,不仅仅在于特定时间的惠民之举,更在于整体利用环境的持续优化,在于旅游品质的全面升级①。

一是积极推进旅游咨询中心建设。建议在赣州市机场、火车站、汽车站、高速公路服务区、商业集中区等游客集中区域,建设旅游咨询中心,为游客提供便捷的旅游信息服务。

二是加快建设旅游便民服务设施。进一步完善公共服务设施的旅游服务功能,推进景区停车场、无障碍设施、旅游厕所等旅游便民服务设施的建设。推动旅游景区及旅游交通干线的通信基础设施建设,主要旅游干线、国家级 A 级旅游景区、省级以上旅游景区、星级饭店等实现通信网、互联网全覆盖,实现旅游信息化的要求。

三是落实景区门票减免相关政策。严格执行景区门票减免规定,按照相关法律的要求落实门票的减免政策。积极转变"门票经济"思维,倡导动员赣州辖区 A 级旅游景区推出更多的优惠和便民措施。以为旅游者谋取更多福利为出发点,推动社会推出更多的旅游惠民产品和优惠措施,提供更充足**的旅游便民

---

① 陈星东.让旅游成为幸福产业[N].人民日报,2017-5-21.

设施,推出针对老人、学生、残障人士、低收入人群等的特殊优惠政策,以进一步发挥旅游在提升居民生活品质、提高居民素质、促进社会和谐等方面的功能,使人民群众共享经济社会及旅游业发展的成果。

6.3.4 强化旅游行政服务功能

党的十九大报告提出,转变政府职能,深化简政放权,创新监管方式,建设人民满意的服务型政府。从当前旅游业的发展实际情况来看,以维护旅游者的合法权益为出发点,进一步强化优化旅游环境、投诉受理、引导游客文明出游等旅游公共服务职能,是建设服务型政府在旅游行业管理中的具体落实。强化旅游行政服务功能,必须强化部门协同、区域合作,努力形成大旅游公共服务格局。一是建立、健全相关部门间、区域间及境内外的长效合作机制。二是完善旅游服务质量引导、监管、评价和改善机制,切实保护好旅游者权益。三是积极创新引导旅游者文明、理性、绿色出游的具体方法和措施,目前,国内的许多旅游景区在践行倡导游客文明出行方面,已经积累了不少成功的经验,值得赣州市辖区内的各旅游景区学习和借鉴。四是加强对旅游公共服务的宣传。

6.4 创新开展新媒体营销

随着现代科学技术和互联网的普及,出现了各种新媒体,主要有网络媒体(搜索引擎、各类网站、网络论坛、网络报刊、网络电视、网络游戏、微博、微信、播客等)、手机媒体(手机报刊、手机电视、手机微博等)、未来的互动式数字电视等三大类[1]。与传统营销方式相比较,新媒体营销具有营销成本低、营销效率高、营销互动性强等基本特征。新媒体营销在乡村旅游目的地营销中的作用已经充分得到证实。许多旅游目的地由于较好地使用了新媒体营销手段,不仅展示了旅游目的地的良好形象,而且吸引了大量的游客。赣州市要加快乡村旅游业的发展,提高旅游市场占有率,必须充分利用新媒体开展营销工作,具体实施策略可从以下几方面展开:

第一,加强旅游门户网站营销。旅游目的地所在区域的政府管理部门、相

---

[1] 匡文波. 新媒体概论[M]. 北京:中国人民大学出版社,2012:3-9.

关旅游企业、旅游行业协会组织等通过建设门户网站,宣传推介旅游目的地的旅游产品及形象。赣州市门户旅游网站已经建设并投入运行多年,涵盖了基本的旅游要素信息,但是在信息的完善程度、丰富程度以及与游客的互动性等方面均有待进一步提升。

第二,旅游社交网站营销。旅游社交网站能够聚集相对稳定的喜爱旅游的人群。因此,在旅游社交服务网站上针对特定用户群组进行广告宣传更有针对性。例如新浪博客开设了旅游博客,涵盖了旅游目的地推荐、主题旅游、攻略游记、图片、机票、酒店等专栏。旅游者可以通过相关专栏,了解旅游景区的情况、交通出行攻略、住宿、美食等旅游信息。政府组织以及旅游企业,采用社交网站营销进行乡村旅游目的地营销,不仅可以直接面对目标顾客群,增加宣传的针对性,而且有助于直接掌握旅游者反馈信息,针对旅游者需求及时对宣传战术和宣传方向进行调查与调整①。

第三,旅游社区论坛营销。旅游社区网络的最大优势是汇集了海量的旅游目的地信息,许多旅游者可以通过天涯论坛等社区网络平台交换信息。旅游营销组织通过与社区网络合作,可以实现旅游宣传信息集中归类、旅游互动及时反馈、及时化解旅游问题,从而有助于树立旅游目的地正面形象。

第四,旅游目的地微博、微信营销。以微博、微信运营商广告的形式对客源地定点实施投放,已经成为当下最有效的旅游营销方式之一。微博和微信是目前国内居民使用频率最高、互动性最好、覆盖面最广、便捷性最强、交流方式最全的社交媒体平台,也是当下最能引发关注热点的最重要的平台之一。越来越多的乡村旅游目的地营销组织通过建立微博公众号、微信公众号进行信息推广,吸引粉丝关注、维持关注热点。

第五,网络视频营销。网络视频是视频与互联网的完美结合,通过互联网发布和传送视频信息,以生动、直观的方式将旅游目的地特色旅游产品传递给旅游消费者。随着网络直播技术的成熟,通过网红、大咖等以视频营销的方式向粉丝宣传营销,已经成为一种十分常见的旅游营销方式。近年来,通过网络

---

① 董晓燕.旅游目的地新媒体营销策略研究——以福州市为例[D].福州:福建师范大学,2018:21-23.

视频一个人带火一座城成为独特现象。例如，西安市利用抖音平台的小视频打造"网红城市"，成功吸引了大量游客对西安旅游的关注。《2019抖音数据报告》显示，抖音日活跃用户数超过4亿，用户全年打卡6.6亿次，西安与北京、成都、上海等，一同入围2019抖音点赞最高的国内城市TOP10。西安大唐不夜城景点成为2019年抖音播放量最高的景点，"大唐不夜城不倒翁"相关视频的播放量更是超过了23亿次。

第六，旅游目的地手机App营销。越来越多的旅游目的地或旅游企业通过独具个性的手机App进行旅游营销。旅游App涵盖了旅游目的地的产品及形象、分类旅游服务要素，既是信息服务的平台，又是旅游目的地形象和产品的营销平台。以云南省为例，云南省政府与腾讯公司合作推出了"一部手机游云南"项目，推进"智慧旅游"的发展。作为一个综合信息平台，"一部手机游云南"对用户的友好度极高。除了为游客提供景区资讯、游玩线路等常规信息查询，"一部手机游云南"还设置了天气预报、查找停车位、识别花草、查找厕所、语音导游等人性化的服务功能，甚至还可以直接在线进行旅游投诉。2018年3月上线运营，截至2019年5月，游云南App下载量超过230万次，使用人次超2000万，月活跃用户超过50万，多个小程序累计访问量更是超过1700万人次。"一部手机游云南"的使用，不仅为旅游者提供了强大的信息服务，而且在改善云南旅游市场乱象、推动产业升级、建设"智慧旅游"等方面起到了极大的推动作用。

2016年赣州旅游App正式投入运营。赣州旅游App是赣州市文化广电新闻出版旅游局与科睿特软件集团股份有限公司联合打造的赣州官方旅游平台。该平台致力于深挖赣州本地及周边地区的优质旅游资源，推动本地旅游景区的信息化，为本地居民以及外来游客提供便捷的旅游信息服务。截至2019年国庆节，赣州旅游App累计用户下载量突破50万次，付费活跃用户15万余人，平台用户人次突破130万人次，用户社群超过200个，累计在线交易订单近30万条，交易额突破2.8亿元。赣州旅游App的推出，极大地提升了旅游者获取旅游信息的便利性，获得了较高评价。目前该App使用的普及率还较低，因此，如何加大推广力度，让更多居民和旅游者了解并使用赣州旅游App，是当前面临的主要问题。针对这个问题，可以借鉴云南省的推广经验，一方面要借助各种旅游网站开展线上推广，另一方面要在赣州市辖区内的机场、火车站、汽车站、旅游集散中心、景区、酒店、商业中心、餐饮饭店等场所进行线下推广。

6.5 旅游人才发展措施

第一，加强旅游人才的培养。赣州市现有旅游人才培养院校8所，培养对象涵盖中专、大专、本科和硕士四个层次，培养专业有旅游管理、酒店管理、旅游服务等三个专业，每年可以培养一定规模数量的旅游及相关专业的毕业生。但是，这些毕业生最终选择从事旅游行业相关工作的比例并不高，且愿意在赣州本地就业的学生比例更低。因此，如何提升毕业生本地就业的意愿以及提高旅游管理专业毕业生的职业素养，是亟待解决的问题。加强校企合作，促进本地旅游企业与院校旅游人才培养的协同发展是一个可行的途径。一方面，加强赣州本地院校与本地旅游企业之间的合作，校企共同开发课程、建设校内外实训基地，为学生提供实训实习机会；另一方面，采取订单培养模式，直接为当地旅游企业培养需要的人才。

第二，强化旅游培训。设立旅游培训基地，根据旅游行业发展的新趋势、新要求，对全市重点旅游乡村的旅游经营管理人员和从业代表人员进行常态化的专业培训教育，提升乡村旅游从业人员的服务意识、服务技能、服务质量和管理水平。

第三，积极搭建交流平台。政府组织牵头组织搭建与省内外乡村旅游示范村、优秀企业及乡村民宿产业协会、休闲农业发展协会等相关行业机构组织之间的交流合作平台，集聚培养乡村旅游产业链上的专业人才和管理人才，培育一批真正会服务、懂经营、高素质的新型职业农民，推动赣州市乡村旅游的转型升级和乡村振兴战略的实施。

第四，引导返乡人员旅游创业。积极引导返乡人才利用农村自有土地，在休闲农业、创意农业、休闲渔业、乡村民宿、养生度假等领域创业，做精品农庄主、休闲农业项目经营者、乡村民宿主。为了营造良好的旅游创业环境，各级相关管理部门要积极为返乡人员旅游产业提供政策措施和保障条件，从市场准入、金融服务、财政支持、用地用电、创业培训、社会保障、技术支持等方面给予政策扶持。

参 考 文 献

[1] BLAIN C, LEVY S E, RITCHIE J R B. Destination branding: insights and practices from destination management organizations[J]. Journal of Travel Research, 2005(4).

[2] CHEN J S, UYSAL M. Market positioning analysis: a hybrid approach[J]. Annals of Tourism Research, 2002(6).

[3] PARK S Y, PETRICK J F. Destinations perspective's of branding[J]. Annals of Tourism Research, 2006(11).

[4] KIM D Y, HWANG Y H, Fesenmaier D R. Modeling tourism advertising effectiveness[J]. Journal of Travel Research, 2005(1).

[5] RITCHIE R J B, RITCHIE J R B. A framework for an industry supported destination marketing information system[J]. Tourism Managment, 2002(6).

[6] SMERAL E, WITT S F. Destination country portfolio analysis: The evaluation of national tourism destination marketing programs revisited[J]. Journal of Travel Research, 2002(3).

[7] SIGALA M. Evaluating the performance of destination marketing system (DMS): stakeholder perspective[J]. Marketing Intelligence & Planning, 2013(4).

[8] WOODSIDE A G, SAKAI M Y. Meta-evaluations of performance audits of government tourism-marketing programs[J]. Journal of Travel Research, 2001(4).

[9] DESKINS J, SEEVERS M T. Are state expendtures to promote tourism effective? [J]. Journal of Travel Research, 2011(2).

[10] FAULKNER B. The anatomy of the evaluation process[A]. Progressing Tourism Research. Channel View Publications, 2003.

[11] EUSEBIO R, ANDREU J L. Measures of marketing performance: A comparative study from Spain[J]. International Journal of Contemporary Hospitality Man-

agement,2006(2).

[12] BUHALIS D. Marketing the competitive destination of the future[J]. Tourism Management,2000(3).

[13] TASCI A,KOZAK M. Destination brands vs destination images:do we know what we mean? [J]. Journal of Vacation Marketing,2006(4).

[14] CAI L A. Cooperative branding for rural destinations[J]. Annals of Tourism Research,2002(3).

[15] LEE G,CAI L A,O'LEARY J T. WWW. Branding. States. US:an analysis of brand-building elements in the US state tourism websites[J]. Tourism Management,2006(5).

[16] FUCHS M,HOPKEN W,LEXHAGEN M. Big data analytics for knowledge generation in tourism destinations a case from Sweden[J]. Journal of Destination Marketing & Management,2014(4).

[17] DWYER L,FORSYTH P. Economic measures of tourism yield:what markets to target? [J]. Journal of Tourism Research,2008(10).

[18]李天元,曲颖. 旅游市场营销学[M]. 北京:中国人民大学出版社,2013.

[19]科特勒,阿姆斯特朗. 市场营销原理[M]. 北京:中国人民大学出版社,2010.4.

[20] Youcheng Wang,Abraham Pizam. 目的地市场营销与管理:理论与实践[M]. 张朝枝,郑艳芬,译. 北京:中国旅游出版社,2014.

[21]邹统钎,陈芸. 旅游目的地营销[M]. 北京:经济管理出版社,2012.

[22]李蕾蕾. 旅游点形象定位初探——兼析深圳景点旅游形象[J]. 旅游学刊,1995(3).

[23]崔凤军. 旅游宣传促销绩效评估方案与案例[M]. 北京:中国旅游出版社,2006.

[24]邓明艳. 峨眉山旅游形象定位的探讨[J]. 西南民族大学学报(人文社科版),2004(4).

[25]廖卫华. 旅游地形象构成与测量方法[J]. 江苏商论,2005(1).

[26]蒋满元.旅游目的地营销体系构建中的政府行为选择分析[J].华东经济管理,2008(6).

[27]张建忠.旅游区形象建设的初步研究[J].泰安师范高等专科学校学报,1997(2).

[28]朱孔山,高秀英.旅游目的地公共营销组织整合与构建[J].东岳论丛,2010(8).

[29]刘丽娟,李天元.旅游目的地营销绩效评价指标体系构建研究[J].北京第二外国语学院学报,2012(11).

[30]吴小天.国外旅游目的地品牌化研究回顾与展望[J].旅游科学,2014(8).

[31]刘峰.旅游系统规划——一种旅游规划新思路[J].地理学与国土研究,1999(1).

[32]吴必虎.旅游系统:对旅游活动与旅游科学的一种解释[J].旅游学刊,1998(1).

[33]吴晋峰,段骅.旅游系统与旅游规划[J].人文地理,2001(16).

[34]和红,叶民强.信息不对称下旅游市场博弈分析[J].特区经济,2006(4).

[35]王欣源.山东"仙境海岸"旅游目的地营销系统构建研究[D].济南:山东大学,2017.

[36]姚志国,鹿晓龙.智慧旅游——旅游信息化大趋势[M].北京:旅游教育出版社,2013.

[37]赵书军.合力推广中国旅游形象[N].中国旅游报,2011-4-1.

[38]吴泓.公共旅游信息服务体系构建路径和模式——基于智慧城市视角[J].现代经济探讨,2014(9).

[39]覃云.我国旅游消费者权益保护研究[D].南宁:广西大学,2014.

[40]蒲喜雄.从美国旅游营销管理看海南建设国际旅游岛[J].热带林业,2011(9).

[41]张雯妍,徐文敏.旅游目的地营销体系构建中的政府行为选择分析[J].旅游纵览(下半月),2014(5).

[42]厉新建,时姗姗,刘国荣.中国旅游40年:市场化的政府主导[J].旅游学刊,2019(2).

[43]妥艳媜,白长虹,陈增祥.旅游目的地营销绩效评价指标体系构建初探[A]//2012中国旅游科学年会论文集.中国旅游研究院,2012:5.

[44]张培,喇明清.民族地区旅游目的地营销绩效评估研究[J].西南民族大学学报,2015(3).

[45]汪立东.城市旅游营销的绩效评价理论与方法研究[D].杭州:浙江大学,2008.

[46]陈漭,许斌.社会自治与政府职能的转变[M].北京:中国社会出版社,2005.

[47]曾静.城市旅游目的地营销绩效评价研究[D].济南:山东师范大学,2016.

[48]谷艳艳.城市旅游公共服务体系构建与质量评价——以上海市为例[D].上海:上海师范大学,2011.

[49]李士勇.工程模糊数学及应用[M].哈尔滨:哈尔滨工业大学出版社,2004.

[50]佟春生.系统工程的理论与方法概论[M].北京:国防工业出版社,2000.

[51]邢晓玉,李爱兰.基于协同理论的济宁市旅游产业发展研究[J].宜春学院学报,2011,33(9).

[52]匡文波.新媒体概论[M].北京:中国人民大学出版社,2012.

[53]董晓燕.旅游目的地新媒体营销策略研究——以福州市为例[D].福州:福建师范大学,2018.

[54]徐菊凤.旅游公共服务:理论与实践[M].北京:中国旅游出版社,2013.

[55]高静.国内旅游目的地营销研究现状及展望[J].北京第二外国语学院学报,2008(11).

[56]高静.旅游目的地形象、定位及品牌化:概念辨析与关系模型[J].旅游学刊,2009(2).

[57] 熊元斌,王婷,王海弘.旅游目的地公共营销中主体行为表现及其影响研究[J].辽宁大学学报(哲学社会科学版),2017(7).

[58] 宋慧林,蒋依依,吕兴洋.过程视角下政府旅游公共营销绩效:理论框架与评价指标体系构建[J].商业经济与管理,2016(2).

[59] 宋慧林,蒋依依,王元地.政府旅游公共营销的实现机制和路径选择——基于扎根理论的一个探索性研究[J].旅游学刊,2015(1).

[60] 熊元斌,蒋昕.区域旅游公共营销的生成与模式建构[J].北京第二外国语学院学报,2010(11).

[61] 张培.国内外旅游目的地营销研究进展与评价[J].成都大学学报(社会科学版),2015(10).

[62] 梅楠,杨鹏鹏.旅游目的地联合营销网络的构建[J].人文地理,2010(4).

[63] 王有成.旅游目的地营销系统的功能构成与评估[J].旅游科学,2009(1).

[64] 吴泓.公共旅游信息服务体系构建路径和模式——基于智慧城市视角[J].现代经济探讨,2014(9).

[65] 王信章.旅游公共服务体系与旅游目的地建设[J].旅游学刊,2012(1).

[66] 陈建斌,李文婷.广州市旅游公共信息服务游客满意度[J].统计与管理,2017(5).

[67] 王京传,李天元.国外公众参与旅游目的地公共事务研究综述[J].旅游学刊,2014(3).

[68] 陈秀山.政府失灵及其矫正[J].经济学家,1998(1).

[69] 戴学锋.改革开放40年:旅游业的市场化探索[J].旅游学刊,2019(2).

[70] 何建民.旅游公共信息服务网站建设及服务质量标准[J].旅游学刊,2012(2).

[71] 李艺.大数据时代背景下旅游目的地的营销发展研究——以贵阳市为例[J].贵阳学院学报(社会科学版),2017(2).

[72] 徐春红.新媒体技术支持下的旅游目的地营销创新模式研究[J].当代经济,2017(15).

[73] 刘德光,邓颖颖.旅游目的地营销中政府行为分析[J].贵州社会科学,2013(9).

[74] 赵阳,杨斯博.基于"互联网+"的安徽省旅游业网络营销发展对策研究[J].山西农经,2017(17).

[75] 张广海,王佳.我国旅游产业竞争力及其区域差异研究[J].北京第二外国语学院学报,2012(1).

[76] 曹榕飞.旅游消费者权益保护问题研究[D].海口:海南大学,2013.

[77] 马旻.旅游目的地质量监督管理标准化研究[D].桂林:广西师范大学,2012.

[78] 刘德谦.需求与关注度:40年国内旅游发展的动力[J].旅游学刊,2019(2).

[79] 朱静.政府营销:新公共管理范式视角下的制度解析[J].生产力研究,2009(15).

[80] 王佳欣.基于多中心视角的旅游公共服务供给机制研究[D].天津:天津大学,2012.

[81] 丁飞洋.基于旅游业发展中的地方政府职能优化[J].产业与科技论坛,2015(5).

[82] 徐冬东.旅游公共服务体系建设中的政府职能分析[J].旅游纵览,2014(5).

[83] 王婷婷,权书文.智慧旅游背景下城市旅游公共信息服务系统构建研究——以中山市为例[J].旅游纵览(下半月),2016(12).

[84] 陶莉莉,徐广,柯彤萍.基于供求双方视角的乡村休闲旅游公共信息服务现状调查及对策——以衢州市为例[J].安徽农业科学,2015(30).

[85] 黄蓉,汪胜华.论政府在乡村旅游发展中的主要职能[J].商场现代化,2006(9).

[86] 马轶男,常小艳.旅游目的地品牌形象影响因素实证研究[J].昆明理工大学学报(自然科学版),2019(2).

[87]苑炳慧,辜应康.基于顾客的旅游目的地品牌资产结构维度[J].旅游学刊,2015(11).

[88]文春艳,李立华,徐伟.旅游目的地形象研究综述[J].地理与地理信息科学,2009(6).

[89]芬杏娟.旅游发展中的政府主导角色——就承德市旅游发展现状对政府主导角色做一讨论[J].承德职业学院学报,2005(3).

[90]张洪.我国乡村旅游发展中的政府职能定位[J].经济管理,2008(17).

[91]彭真,吴南生.基于游客需求导向的森林康养旅游产品创新开发与提升路径研究——以赣州虔心小镇康养基地为例[J].老区建设,2020(6).

[92]侯志强,樊玲玲.全域旅游视角下的旅游目的地发展路径——以福建省为例[J].开发研究,2018(01).

[93]张则景,沈西林.政府职能与政府行为模式[J].昆明理工大学学报,1997(4).

[94]朱莹.旅游目的地国际营销的政府行为研究[D].上海:上海师范大学,2013.

[95]胡雯雯,张茵.深圳旅游目的地营销系统(DMS)绩效评价及对策研究[J].旅游论坛,2010(6).

[96]负聿薇.法国旅游的政府性营销及启示[J].现代商业,2011(11).

[97]程玉,杨勇.中国旅游业发展回顾与展望[J].华东经济管理,2020(2).

[98]熊元斌.旅游业、政府主导与公共营销[M].武汉:武汉大学出版社,2008.

[99]吴小天.旅游目的地品牌化治理中的政府角色定位研究[D].天津:南开大学,2013.

[100]张文敏,图登克珠,扎旺.基于CNKI的国内旅游目的地品牌化研究综述——兼谈对西藏建设世界旅游目的地的启示[J].西藏大学学报(社会科学版),2012(04).

[101]高静.旅游目的地品牌化成功的影响因素:基于文献回顾的研究[J].

旅游论坛,2012(05).

[102]莫里森,李菲菲.中国旅游目的地定位与品牌化仍很滞后[J].旅游学刊,2013(02).

[103]林轶,熊礼明.基于品牌整合旅游产业链模式的民族县域旅游产业开发研究——以广西巴马为例[J].江苏商论,2011(09).

[104]程道静.少数民族地区城市品牌定位政府主导作用分析[J].商业文化(学术版),2010(10).

[105]向艺,郑林,王成璋.有效市场规模、空间溢出与国内旅游业省际差异[J].旅游学刊,2016(3).

[106]《赣州市"十三五"旅游产业发展规划》.

[107]吴运连.赣州市生态环境现状及污染防治对策建议[J].江西化工,2018(6).

[108]王玮.风起好扬帆,文旅相辉映[N].赣南日报,2019-2-14.

[109]李果.西部旅游业增长碾压东部各路文旅资本或大举西进[N].21世纪经济报道,2019-4-11.

[110]于桐.旅游信息化——微信,开启旅游营销新方式[J].商场现代化,2015(15).

[111]张丽萍.全域旅游发展中政府主导作用解析[J].现代商贸工业,2016(32).

[112]唐璇.旅游改革创新先行区探索与思考——以乐山市为例[J].现代商贸工业,2017(3).

[113]李煜.旅游网络营销绩效评估研究[J].旅游纵览(下半月),2014(9).

[114]莫里森.中国国际旅游营销[M].北京:中国建筑工业出版社,2012.

[115]邹统钎.城市与区域旅游目的地营销经典案例[M].北京:经济管理出版社,2016.

附　录

附录1　2012—2018年赣州市旅游事业情况

项目	单位	2012年	2013年	2014年	2015年	2016年	2017年	2018年
旅游总人数	万人次	2146.73	2591.18	3095.7	4801.24	6741.52	8306.85	10803.4
境外旅游者人数	人次	152219	161005	163300	256100	316600	414000	459300
外国人	人次	49928	52305	53051	72149	85936	106131	128260
台湾同胞	人次	29337	48235	48922	66533	79175	97781	107430
香港、澳门同胞	人次	72954	60465	61327	117418	151489	210088	223610
国内旅游人数	万人次	2131.51	2575.08	3079.37	4775.63	6709.86	8265.45	10758
旅游总收入	亿元	164.55	206.86	272.24	395.13	588.88	794.94	1120.26
国内旅游收入	亿元	161.65	203.79	269.14	390.19	582.07	785.65	1109.54
旅游外汇收入	万美元	4674.97	4956.78	5068.83	7949.35	10291	13983.1	15154.6
星级宾馆数	个	55	59	67	71	73	76	75
星级宾馆房间数	间	6204	6659	7347	8017	8312	8621	8690
星级宾馆床位数	张	10684	11444	12602	13626	13975	10818	14168
星级宾馆客房出租率	%	75.1	72.00	65.00	70	73.6	75.2	78.6
旅行社	个	66	65	67	69	69	72	79
旅行社从业人员	人	370	400	1200	480	510	550	600
导游人数	人	1600	1883	2180	2180	2289	2000	1573

数据来源：赣州市统计年鉴。

附录2 2010—2018年赣州市辖区、县星级宾馆情况

县(市、区)	星级宾馆客房数(间)								
	2010年	2011年	2012年	2013年	2014年	2015年	2016年	2017年	2018年
合计	4572	4880	6204	6842	7347	8017	8312	8621	8671
章贡区	1848	2121	2770	2868	2444	2939	2215	2119	2035
南康区	135	135	135	296	478	478	482	482	482
赣县区	135	83	228	228	234	234	228	228	229
信丰县	224	102	187	191	183	418	433	443	415
大余县	160	160	160	160	160	160	164	164	183
上犹县	87	87	87	155	155	155	155	155	157
崇义县	166	178	178	116	116	116	116	116	116
安远县	112	89	89	89	164	332	323	323	395
龙南县	111	111	240	240	278	278	262	262	254
定南县	163	222	222	222	222	329	225	225	231
全南县			187	187	187	187	187	187	187
宁都县		112	187	187	186	187	187	187	181
于都县	63	62	116	219	219	219	220	411	397
兴国县	301	288	288	288	288	288	347	347	334
会昌县	51	83	83	184	184	184	184	184	184
寻乌县					97	97	95	95	92
石城县				63	123	283	283	320	325
瑞金市	1016	1047	1047	1149	1133	1133	1602	1769	1891
赣州经开区					496		604	604	583

数据来源:赣州市统计年鉴。

附录3 2017、2018全国各省(自治区、直辖市)国际旅游收入情况(单位:百万美元)

地区	2017年	2018年	地区	2017年	2018年
北京	5129.81	5516.39	湖北	2104.74	2379.69
天津	3751.47	1109.85	湖南	1295.37	1520.41
河北	578.69	646.67	广东	19960.40	20511.74
山西	350.14	377.98	广西	2395.63	2777.73
内蒙古	1245.56	1272.10	海南	681.02	770.52
辽宁	1778.06	1739.58	重庆	1947.59	2189.89
吉林	765.79	685.85	四川	1446.54	1511.65
黑龙江	479.58	537.06	贵州	283.27	317.63
上海	6698.65	7261.39	云南	3550.33	4418.00
江苏	4194.72	4648.36	西藏	197.51	247.09
浙江	3586.44	2595.79	陕西	2704.40	3126.66
安徽	2880.78	3187.57	甘肃	20.86	28.30
福建	7588.03	2828.21	青海	38.29	36.13
江西	629.92	745.38	宁夏	37.63	55.87
山东	3174.04	3292.82	新疆	810.81	946.37
河南	661.55	723.23			

数据来源:《中国统计年鉴2019》。

附录4 赣州主要旅游目的地情况

1. 章贡区旅游目的地情况

赣州宋城墙　赣州宋城墙是江西省唯一保存完整、有可靠纪年铭文的宋代城墙，也是全国屈指可数的北宋砖墙之一，始建于汉代，距今已有两千年的历史，后经南宋、元、明、清、民国，历时900多年的不断修缮、加固。赣州古城墙长3600米，平均高7米，垛墙、炮城、马面、城门都保存完好。城墙上的各代纪年铭文数量和种类之多在全国都很罕见，专家们称之为"宋城博物馆"。

赣州宋城墙共有西津门、镇南门、百胜门、建春门、涌金门5座城门，其中前3座城门还有二重或三重瓮城。清朝咸丰年间，为了防止太平军攻城，清政府又在赣州城的主要交通要道口兴建了东门、小南门、大南门、西津门、八境台5座炮城。赣州因城池非常坚固，又有江水相助，易守难攻，有"铁城赣州"之称。太平军两次攻城，中央苏区时期红军六次攻城，都没有攻破。现存的城门还有北门、西津门、建春门、涌金门4座，保存完好的炮城有八境台和西津门炮城。

古城墙上保留有数以万计的带有文字的城砖，这种砖被称为铭文砖，上面载有不同时代的不同内容。据赣州市博物馆调查统计，共有各种不同内容的铭文城砖521种，最早的一种铭文砖记于北宋熙宁二年(1069年)，最晚的一种铭文砖记于民国四年(1915年)。这一传统一直保留至今，成为赣州的一部历史巨著，记载着赣州古城的兴衰、嬗变，充分体现了传统建筑风格和规划思想，是展示中国历史文化特色的标志性建筑。赣州宋城墙对于研究我国古代的城市建设，有着十分重要的历史价值。

经赣州市博物馆1990年调查，现存古城墙中，宋石墙25.25米，宋砖墙19.80米和养济院南宋砖墙基41米，基本上是原墙原貌，其余部分多经历代维修，除被蔓草杂树掩盖部分，宋代遗存或许在墙内还有待发现外，多数已混杂不清了。1996年，国务院将赣州古城墙列入全国重点文物保护单位。

从赣州古城墙西津门出发登上古城墙，沿古城墙，可以游览郁孤台、蒋经国旧居、八境台、八境公园、龟角尾(章水与贡水交汇处)、古浮桥、寿量寺、文庙、灶儿巷、董府等景点。

福寿沟博物馆 福寿沟博物馆位于赣州市海会路以东、厚德路以北,依托省级文物保护单位魏家大院新建。福寿沟是北宋期间著名的水利专家刘彝主持修筑的城内排水系统,虽经历了900多年的风雨,福寿沟至今仍完好畅通。福寿沟因排水沟的走向形似篆体的"福""寿"二字而得名,是我国古代基础的城市下水道工程,是当时一项重大的发明与创举,也是世界上最早的城市下水道。这一套近千年前古人创设的地下排水系统,是一个至今还在发挥作用的"活文物",更被誉为千年不朽的"城市良心"。

赣州古浮桥 赣州古浮桥以船作桥,长约400米,由100多只小舟板并束之以缆绳相连而成,始建于宋乾道年间(1163—1173年),至今已有800多年历史。古浮桥连接章江的两端,每天定时开启,以便来往商船通行。

江西赣州城区三面环水,因为河面较宽,河两岸往来主要靠渡船。宋代赣州经济有了较大发展,为了方便与外面的沟通,于是就在章、贡两河上先后建造铺就了东河、西河、南河三座浮桥以沟通城乡。新中国成立后,西河、南河浮桥因修建了公路大桥而被拆除,在20世纪80年代被现代公路桥梁所代替,只有这座建春门浮桥,作为全国历史文化名城的历史文化景观,特意保存了下来,并至今还在为赣州市民服务。近千年的浮桥成为赣州市民的骄傲。每当踏上浮桥,人们不仅能强烈地感受到古朴的历史,感受到古老的赣州人民勤劳智慧、追求科学创造、崇尚发明创新的精神,还可以在桥上看见河边的洗衣女、钓鱼翁的身影,城里人、乡下人进进出出,骑摩托车的、推自行车的、挑担的、背小孩的、走亲戚的、上学的人交织在一起,形成一幅幅美丽的画卷。这座800多年的浮桥,不知经历了多少腥风血雨、战火硝烟。新桥变旧、旧桥换新、修修补补、历尽沧桑,似一位不屈不挠的老人,昂首屹立在章江边,并与市内的古朴逶迤的古城墙、壮观秀美的八境台、雄伟沉重的涌金门一道伴随着赣江的涛声,造福赣州人民,成为连接城乡的纽带,成为赣州市一道特有的风景线,被誉为赣州的一绝。

郁孤台 郁孤台位于赣州城区西北部贺兰山顶,海拔131米,是城区的制高点,台上建有3层高的仿木结构楼阁,属市级文物保护单位,为省级重点风景名胜区。登上郁孤台,可远眺秀丽的山光水色和赣州全景。郁孤台因坐落于山顶,以山势高阜、郁然孤峙得名。郁孤台始建于唐代,具体年代不详。苏东坡、岳飞、辛弃疾、文天祥、王阳明、郭沫若等历代名人都曾在这里留下过诗词。其中，与郁孤台渊源最深的，要数南宋著名词人辛弃疾，他在赣州任职时，留下名词《菩萨蛮·书江西造口壁》，郁孤台从此名扬天下。唐代时，虔州刺史李勉曾登台北望，将台更名为"望阙"。宋绍兴十七年（1147年）赣州知州曾慥增创二台，南边叫"郁孤台"，北边叫"望阙台"，后几经兴废，仍名郁孤台。1983年按清代同治年式样重建，台有3层，高17米，占地面积300平方米。

灶儿巷街区 灶儿巷街区全长227.3米，总面积为6.14公顷，包括灶儿巷、六合铺、东门井、油滴巷、小坛巷、梁屋巷、烧饼巷、老古巷共8条街巷。这一带的街巷保留有清代至民国时期具有代表性的建筑物多处，建筑风格亦呈多样化，既有赣南的客家建筑，又有精工细作的徽派建筑，同时还有明显带有吉安、南昌一带建筑风格的建筑和典型的西洋式建筑；在部分街区，还保留有跨街的门洞，充分体现了城市文化的多元性。两巷口筑有当代书法名家李振亚、李安华父子和袁清夷、胡丽华等四人书写的仿古牌坊门。

蒋经国故居 蒋经国先生于1939年3月来到赣南，任国民政府江西省第四行政区督察专员兼保安司令，1945年2月离开赣南，前后长达6年之久。在赣南，他主要有三处住所，一是花园塘一号官邸，二是虎岗中华儿童新村，还有一处是通天岩避暑山房。现保存较好的主要在章江古城墙处，故居是1940年蒋经国主持兴建的仿俄式砖木结构建筑，面积为170多平方米，平面呈"凸"字形，鱼鳞板墙，板瓦屋面。该建筑保存完好，为赣州市文物保护单位。

通天岩 通天岩位于赣州市西北郊，距离市区约10公里，因山中有很多天然岩洞，其中一个洞顶上有窟窿可以看到天而得名。这里不仅有十分典型的丹霞地貌景观，也有王阳明手迹摩崖、为软禁张学良而建的山洞、避暑别墅等人文景观。山中的石龛造像群虽无法与莫高窟这种顶级石窟媲美，在江南也算得上出彩。

通天岩景区可分为古代石刻区和现代休闲区两部分，游步道大致可看作相套的两个环形，最精华的石刻区集中在内环靠近景区大门的区域，主要景观有：观心岩、忘归岩、龙虎岩、通天岩、翠微岩。

本部分内容资料来源：赣州旅游资讯网 http://www.gzzhly.cn

2. 瑞金市旅游目的地情况

瑞金共和国摇篮景区 "红色故都"瑞金是中华苏维埃共和国的首都,主要由叶坪、红井、二苏大、中华苏维埃纪念园(南园和北园)四大景区组成。这里是云石山中央红军二万五千里长征出发地,是全国爱国主义教育示范基地,也是全国红色旅游经典景区之一。

叶坪景区是拥有全国保存最完好的革命旧址群之一,有革命旧址和纪念建筑物22处。旧址群内还有不少文物陈列,供人了解那段红色历史,是年轻人接受爱国主义教育的好地方。景区内主要景点包括中共苏区中央局、中央政府旧址、红军烈士纪念塔、红军烈士纪念亭、红军检阅台、公略亭等。

红井景区位于沙洲坝,背负青山、田畴拥翠,环境恬静质朴。主要景点有闻名海内外的红井、中央执行委员会旧址、中央人民委员会旧址、中央各部委旧址等。除此之外,景区内还有防空洞、诗山梅园、中央革命博物馆旧址等景点。

中华苏维埃纪念园景区分为南园和北园。南园主要分布有瑞金革命烈士纪念馆、红军烈士亭、龙珠塔等景点。北园是一个集革命传统教育、情景体验为一体的大型红色旅游公园,主要有中央革命根据地历史博物馆、红五星音乐广场、苏区精神铜字、中华苏维埃纪念鼎等景点。

罗汉岩景区 罗汉岩景区位于瑞金市城东约30公里处,1985年经江西省人民政府批准,确定为第一批省级重点风景名胜区,1993年被列为省级森林公园,目前正在申报国家级风景名胜区,是江西省十大名山之一。景区总规划面积为22平方公里,平均海拔500多米,属于典型的丹霞地貌。罗汉岩又名"陈石山",相传南朝陈武帝(陈霸先)曾率兵驻扎于此,凭借地势险要,以少胜多打败敌人,后人便将此山唤作"陈石山"。传说伏虎禅师在此经过,发现此地为绝妙的佛家清修之地,遂筑舍布道,掘地得十八石罗汉,人们便将山岩唤作"罗汉岩"。

罗汉岩以迷漫神奇的晓雾、奇特险峻的山势、潇洒壮观的飞瀑、明澈情趣的清泉和如诗如画的生态环境饮誉大江南北。罗汉岩的云雾千姿百态,变幻无穷。清晨,驻足山巅,云雾遮遮掩掩,山林朦朦胧胧、影影绰绰,让人感到山在云里,云在山中,有腾云驾雾、飘飘欲仙之感。历代文人墨客曾留下了不少佳章诗句赞颂罗汉岩的晓雾。清代一文学家在此观雾十日不厌,他称罗汉岩的晓雾"白如雪、软如绵、光如银、阔如海、薄如紫、动如烟、静如练"。

　　罗汉岩的山峰,以其形状的奇特怪异而闻名遐迩。蜡烛峰就是一座典型而奇特的山峰,也是罗汉岩的标志。它的直径有20多米,高度约90米。四周为悬崖峭壁,不与其他山峰相连,更令人称奇的是,蜡烛峰岩体滚圆,色泽光滑,上大下小。峰顶长着一株千年不衰的大枫树,清风吹来,枫树左右摇晃,极像那迎风摆动、忽明忽暗的烛焰。每到金色的秋天,枫叶如火,如烛芯点燃。明代东林党首领之一的邹元标还为蜡烛峰留下了至今无人可对的上联:"蜡烛峰,峰上生枫,蜂筑巢,风吹枫叶闭蜂门。"

　　本部分内容资料来源:博雅文化旅游网 http://www.bytravel.cn/

3. 龙南市旅游目的地情况

关西新围景区　关西新围景区位于龙南市关西镇新围村,距离县城25公里,由开基祖徐有翁带领子孙于南宋初年从江西泰和辗转迁入关西,距今有近千年的历史。古村位于关西洞的小盆地之间,中央有一条南北流向九曲十八弯的关西河,青峰东立、古塔西护、东山南耸、关水北流、山环水抱,天然形胜,面积约3平方公里。村中现有保存完整的关西新围、西昌围、鹏皋围、福和围、圳下围、田心围等,如众星拱月般连成一片,且每座围屋各具特色,是一处保存完好、体现了赣南各个时期围屋建筑风格和特点的明清古民居建筑群。

　　景区核心关西新围,是国内发现的保存最为完整、规模最大、功能最为齐全的客家方形民居,是客家人传颂的"九幢十八厅"的宫廷式建筑,被誉为"东方的古罗马城堡,汉晋坞堡的活化石"和"散落在民间的皇宫"。关西新围始建于清嘉庆三年(1798年),占地2.7万平方米,有建筑20栋,建筑面积7898平方米。关西新围平面属典型的"国"字形围,除四周围屋外,在围内还建有规模宏大的厅、屋组合建筑及水井、花园等生活和休闲设施。围内居民将前面围屋称之为"走马楼",高8米,二层18间;两侧围屋称之为"龙衣屋",高7.4米,二层30间;后面围屋称之为"土库",高8.52米,二层19间,主要用于储存物资,上层用木枋挑出楼廊,各间通过楼廊相连接,房间名称以八卦方位取名曰坤屋、震屋等。围屋四角建有炮楼4座,东面两座为二层,高10.1米,西面两座为三层,高

11.2米。十字形孔是用特制的异形砖砌成。东炮楼因面对开阔地形,防御功能略为简单,两侧房屋多用来存放武器、弹药等战备物资。围内有祠堂、厅堂、内花园、戏台、小花洲和梅花书院。厅是围屋内的公共活动场所,主要用于商讨围内公共大事和祭祀活动,以及其他如婚、丧、喜庆事务等。厅两侧建筑叫边屋,主要用于居住。

关西围不仅处处体现着巧妙构思的建筑美,而且绘画、装饰之美也令人赞叹不已。其正厅大门前有一对雕刻精美、栩栩如生的石狮,左边的公狮昂首张口、凶猛威武,右边的母狮雍容大度、端庄肃穆,显示出工匠精湛的雕刻技艺;大门框上八卦中乾、坤两卦的圆柱形石雕,厅内十多根大木柱下的石墩上都雕刻着各种各样的图案或文字。厅堂偏院以及厢房都镶嵌有许多龙、虎、麒麟、凤凰等动物木雕,造型生动,雕刻精美。整座围屋不仅具有安全防卫、防风抗震、调节阴阳、冬暖夏凉等功能,而且具有丰富的文化内涵,客家人传颂的"九幢十八厅"宫廷式民居在此可得到充分的印证。

小武当山 龙南武当山又称"南武当山""小武当山",矗立在江西南端的龙南市武当镇境内,赣粤交界处,故又称"迎客山"和"送客山",为省级风景名胜区,是集丹霞地貌与佛教文化为一体的景区。小武当山风景区东接广东省和平县,南邻广东省连平县,西邻九连山亚热带原始森林,北起龙南武当镇。小武当山形成于古生代,大约在二亿年前地壳频繁运动,该处为砾岩群峰,处赣粤边境九连山断落层带的边缘,为典型的丹霞地貌,总面积约13.5平方公里,主峰海拔864米,九十九座奇峰平地突兀而起,绵延十数公里,犹如一幅美妙的画卷。

小武当山拥有天开一线、众僧朝圣、神猴亮相、定海神针、南天玉屏、寒谷飞虹、空中走廊、玻璃天桥、玻璃眺台、玻璃栈道、双象凌空、武当圣庙等众多旅游景点。近几年来随着旅游业的迅猛发展,小武当山风景区已成为赣、粤、湘、闽及港、澳、东南亚等地的旅游热点。

虔心小镇 虔心小镇景区是国家4A级旅游景区,第一批全国乡村旅游重点村,地处国家自然保护区、国家森林公园江西九连山东北麓,是以客家文化为主题,以有机茶、赣南脐橙、赣南茶油、土鸡等生态农业为基础,结合丰富的山水资源打造的集自然风景、田园风光、客家民俗为一体的休闲度假体验式基地。

小镇总体规划面积10万亩,包括6万亩的竹林和1万亩的茶园。平均海拔600米,年平均气温18.9℃,负氧离子高达每立方厘米110000个,高出城市15倍以上。景区拥有红豆杉等40多种不同的珍稀植物,空气清新,风景秀丽,被誉为赣南粤北地区的"天然氧吧"。客家人在此聚居,相传王阳明也曾在此清修,教化民风,传授心学。虔心小镇以"虔"文化为主题。古时赣州为虔州,龙南为虔南,取"虔"表达了对客家文化的传承和发扬,具有历史意义。

本部分内容资料来源:博雅文化旅游网 http://www.bytravel.cn/view/top10/Index2698.html

4. 石城县旅游目的地情况

通天寨 通天寨位于距离石城县城7公里的大畲村,是典型的丹霞地貌,景点以各种形似人或物的山石为主。通天寨景区景点相对集中,在方圆2公里的核心区域内,集中分布有大畲荷花观光园、古民居南屋、通天寨生态乐园、通天岩、玉盂寺、净土岩、试剑石、石笋干霄、钟鼓石等景观。风景区内古代石刻、石碑甚多,历朝文人墨客在此题诗作对,留下了许多传世佳作。

通天寨,因寨上主岩外如两指相钳,内若两掌半合,仰视苍穹通天而得名。寨上怪石如林,犹如丹霞横空;寨中清泉四季流淌,竹木青翠如海;寨下碧水环绕,四周青山连绵。奇特的山水,秀美的风光,构成了一处荡气回肠的人间仙境。

景区内有一座傍山而建的客家古村落。该村落建于清乾隆年间,取名"南庐屋",为一黄氏家族所建,是典型的客家"天井式"民居建筑群。村落分五井,井井相连,共九十九间半。进入里面真像一座迷宫,走完九十九间可以不见天日,体现了客家先辈高超的建筑技巧。在黄家屋的村口,可以看见通天寨一高一矮达几十米的两根气势恢宏的石笋冲天而起,名曰"石笋干霄"。接近山顶处,有一座明万历年间修建的"玉盂寺",该寺为江西省十四所重点开放寺院之一。

本部分内容资料来源:石城县人民政府门户网站 http://www.shicheng.gov.cn

5. 崇义县旅游目的地情况

阳明山国家森林公园 阳明山国家森林公园(阳岭)位于崇义县城南郊,是国家4A级风景区、全国农业旅游示范点、国家森林公园、江西省自然保护区。阳明山古称"观音山",后因享誉海内外的明朝大理学家、哲学家、政治家、军事家王阳明先生剿匪立县,为纪念王阳明,改称"阳岭"。阳明山国家森林公园总面积1万公顷,秀峰36座,主峰海拔1295.5米,峰峦叠嶂,古木参天,珍禽异兽群集,飞流瀑布9处,泉甘溪曲,藤古树珍,四时花木广布。云海、兰溪、奇石、雨林、杜鹃、竹海是"阳岭六绝"。阳明山国家森林公园主要景观有阳明湖、兰溪沟谷雨林、云隐寺、万寿岩、阳岭之巅、十万亩竹海等景点,并建有三星级涉外酒店、氧吧山庄和配套景区服务设施,是会议、疗养、观光、休闲、回归自然的新兴游览胜地。景区内每年4月28日至5月7日举办阳岭旅游节、中华绿谷养生论坛,9月举办美丽村姑旅游形象大使大赛。

阳明山国家森林公园森林层次非常分明,山下是阔叶林,树木高大茂密,中间是毛竹林,山顶部分是灌木林,在山顶有很多杜鹃林。整个阳岭的生态保护非常好,形成了明显的复层林,就是在同一区域内,林木分三个层次:第一层是高大乔木;第二层是中育林层;第三层是灌木林层。据中国环境科学研究院测定,阳岭空气负离子平均值高达9.2万个/立方厘米,其中兰溪瀑布区最高值为19.2万个/立方厘米,为中国之最,被人们誉为"天然大氧吧"。

阳峰景区,阳峰海拔1295米,相对高差1022米。阳峰之趣,在于高,在于险,在于云,在于石,在于杜鹃。登"阳岭之巅",经838级台阶,有"直入云天"之感。从齐云阁东行至天竹亭,尽可体验其高——群山皆俯伏,一览众山小;其险——蜿蜒曲折,壁立峭绝。阳岭是阳明湖、西湖水源发源地,相对高差超千米,加上森林茂密,湖水蒸腾作用,常年云雾缥缈,云蒸霞蔚,非常壮观。秋日午后,雨过天晴,有"佛光"现象。阳岭山石属丹霞石质,似大佛、似鲤鱼、似神犬、似金龟……极具神韵。阳峰四周遍布杜鹃矮林,"人间四月芳菲尽,此处杜鹃始盛开"。每年四五月间,漫山红遍,层林尽染,姹紫嫣红,或红、或白、或紫、或红白相间,品种繁多。主峰上建有广播电视塔和邮电信号转信台,外形美观,两塔合称阳峰双塔。

瀑布景区在阳岭森林深处,有众多的瀑布,以龙吐水瀑布和兰溪瀑布名气最大。龙吐水瀑布出水处似卧龙吐水,所以得名,瀑布落差18.6米。兰溪瀑布落差15.8米,在瀑布下有个亭子,叫兰溪亭,是供游人观景休憩的。水出瀑布,两岸山峰耸立,形成了兰溪峡谷。水在峡谷中穿行,迎风摇曳,幽香阵阵,兰溪瀑布及兰溪峡谷区是负离子含量最高的区域。在兰溪亭憩息,或在兰溪峡谷中漫步,胜过在氧吧吸氧,令人精神倍增。

雨林景区海拔700米以下的阳岭山林主要为原始阔叶林。兰溪瀑布以下都是原始森林。阳岭沟谷雨林,既是原始林,又是雨林。沟谷两岸林木挺拔,藤林粗壮。在这一带还有亚热带极为珍贵的生物基因。据初步调查有木本植物87科371种,其中国家一、二类保护树种有水杉、秃杉等12种,省级保护树种63种;野生脊椎动物135种,其中国家一、二类保护珍稀动物有黄腹角雉、白鹇、娃娃鱼等32种。

云隐寺景区,位于两座高耸入云的山窝之中。寺庙种了许多花草,进入寺庙犹如进入了世外桃源。云隐寺后山有清泉四季不断,长流不息,相传为观音泉,以此泉洗浴或饮用能去百病。云隐寺正门西侧大枫树曾三年不发一叶,以为死去,在云隐寺修缮恢复之际,枯枝发春华,非常茂密,相传为古观音树。

上堡梯田　　上堡梯田距离崇义县城50千米,距赣州市城区127千米。上堡梯田被上海大世界基尼斯评为"最大的客家梯田",是国内三大梯田奇观之一。上堡梯田位于江西省赣州市崇义县西部齐云山自然保护区内的上堡景区,有近万亩高山梯田群落。

上堡梯田位于上堡乡华仙峰周围。华仙峰海拔1741米,是赣南地区第二高峰。梯田依山势开建,连绵数百亩,又有零星村落点缀其间。梯田的垂直落差近千米,位置最高的田块在海拔1260米处。有的梯田从高到低不断延续,竟然达百层之多,就像一条条长梯,架搭在山间岭谷,特别是在南流村,周围的梯田,高高低低,层层叠叠,连向天际,令人叹为观止。这是客家人长期在自然环境中求生存、求发展的历史见证。

上堡梯田最美的季节是春播时节,五月末,中稻莳田前,尚未插下秧的梯田里田水如镜,倒映着青山和蓝天,层次感最为丰富。插过秧后的梯田泛着绿色,不规则的田畴与规则的绿苗,生长着诗情与画意。到了九月底,梯田里的稻子已呈金黄色,在山里的劲风舞动下,飘逸起伏的稻浪,韵律般轻奏起天籁,悠扬而醉人。

上堡乡还有朱德"上堡整训"历史事件旧址、华仙峰庵等名胜古迹,有万丈山高山草园、赤水华仙峰、暖水温泉、水南客家民俗省级摄影文化基地等多处旅游景点,还有"上堡猎酒""红米粥""赤水仙茶"等特产闻名省内外。

本部分内容资料来源:博雅文化旅游网 http://www.bytravel.cn/landscape/13/Yangling.html

6. 大余县旅游目的地情况

丫山风景区 丫山风景区位于江西省大余县城东10公里处,占地面积3万余亩,因最高峰双秀峰呈"丫"形而得名。丫山风景区地处北纬25度,是世界公认的黄金生态带,森林覆盖率高达92.6%,空气、水、土壤环境质量均达到国家一级标准,是国家4A级旅游景区、江西首个5A级乡村旅游点、中国运动休闲特色小镇。

景区集山、林、泉、湖、瀑、洞等灵秀的自然奇观于一体,风光怡人,宛如仙境。景区的儒、释、道、心学等历史文化深厚,从古至今闻名遐迩。景区内秀木成林,山青茶香,瀑布成群,竹涛阵阵,万花舞莺,气候怡人,四季景色各异,生态环境优越,负氧离子含量极高,素有"城市绿肺"之称。山中野生动植物种类繁多,珍禽异兽、奇花佳木遍布,有100多种野生动物、近700余种野生植物在区内繁衍生息,其中穿山甲、娃娃鱼、山鹿、红豆杉、竹柏、银杏等都是国家、省级重点保护动植物。

大余丫山历史悠远,古时即以宗教活动和游览胜地闻名遐迩,南唐始建的江南名刹灵岩古寺坐落山中,真君降龙的道家典故盛传民间,历史文化名人、官府政要的活动踪迹遍布丫山……千年古寺香火鼎盛,"灵感三千界,岩藏五百僧"是它的真实写照;许真君在此修行悟道,斩蛟擒妖,"真君洞"与"布道台"历经风霜至今乃深藏山中,蕴含了丰富的道教文化;张九龄、苏东坡、周敦颐、程颢、程颐、张九成、朱熹、王阳明等名人大家都在此流连忘返，创出佳作，镌于此山。理学宗师周敦颐在这里感悟了"无极而太极"的理学至理，书就《太极图说》和《通书》，为理学创立奠定了理论基础；"东方莎士比亚"汤显祖丫山追梦，于千年古寺中探寻府衙小姐杜丽娘焚香求神的传说，缔造了"人为情死、人为情生"这感天动地的忠贞爱情故事原型，成就传世名剧《牡丹亭》。

梅关古道 梅关古道位于江西省大余县与广东省南雄市交界处，距大余县城10公里，距南雄市区20公里。梅岭古道是全国保存得最完整的古驿道，古道约6尺宽，路面整齐地铺着鹅卵石，道旁是繁茂的灌木丛，两侧山崖树木葱茏，层峦叠翠。

梅岭的梅花树遍布岭南岭北，每到冬天梅花怒放，漫山遍野，成了梅花的世界。"庾岭寒梅"是我国历史上有名的四大探梅胜地之一，梅岭的梅花有两个特点。其一，据《南雄府志》记载："庾岭梅花微与江南异，花颇似桃而唇红，亦有纯红者。岭上累经增植，白者为多。"其二，由于岭南岭北气候的明显差异，梅岭出现了南枝先开、北枝后放、界限分明的奇景。

梅岭相传是根据南迁越人首领梅绢的姓氏命名的。战国时期，中原战乱频仍，大批越人迁往岭南，其中一支以梅绢为首的越人，翻山越岭来到大庾岭上，被岭南风光吸引，在梅岭一带安营扎寨，他们发扬了越人勇敢顽强、刻苦坚韧的传统，艰苦创业，使这带迅速兴盛起来。因为梅绢是首率队的拓荒者，后来又因破秦有功而受项王封为十万户侯，因此人们就把这一带称之为梅岭。梅岭在岭南经济文化发展史上起了重要作用。梅岭自越人开发后，成了中原汉人南迁的落脚点，中原文化逐步在梅岭生根开花，并向岭南传播开去。梅岭是古战场，也是革命战争年代红军多次战斗过的地方，特别是陈毅同志带领部队在这一带坚持了三年游击战，并在临危之际写下了壮志凌云的《梅岭三章》，使梅岭的知名度更高。梅关古道主要景点有：古枫、望梅阁、梅国碑、陈毅隐蔽处、六祖庙、接岭桥、驿馆、憩云亭、将军祠、关楼等。

本部分内容资料来源：博雅文化旅游网 http://www.bytravel.cn/view/index2701.html

7. 上犹县旅游目的地情况

阳明湖风景区　阳明湖风景区是国家4A级景区,又称"上犹江水库",位于江西省上犹县陡水镇,水域面积地跨上犹、崇义两县,是赣南最大的丰厚水资源区地,面积达31平方公里,蓄水量8亿多立方米,森林面积34万亩。湖面岸上四周有瀑布、铁扇关、狮象山、九曲览胜、美女峰、客家民俗等三十余处风物景象。湖中有形态各异的湖湾427个、湖心岛40余座。阳明湖四季温和湿润,冬无严寒、夏无酷暑,此气候适于人们休闲度假,有利于野生动物繁衍。林中栖息有金钱豹、穿山甲、蟒蛇、金猫、白鹤、獐鹿、麂、麝等野生动物。而星罗棋布于湖中的座座岛屿,更是郁郁葱葱,如翡翠宝珠,光气四射,沁人心脾。

赣南树木园处于陡水湖深处,被称为"中亚热带植物王国",是一座天然的自然博物馆,现栽有1700多种木本植物,采集有近万份植物标本,生长着52种世界珍稀濒危的保护植物,形成了专门的松杉竹林、八角林、芳香樟林,建立了桃花岛、李花岛等。整个树木园青翠蔽日、花香四溢,在这里可呼吸到高浓度负氧离子的清净空气,享受到天然的"森林浴"。1995年经江西省政府批准,阳明湖被列为省级风景名胜区,被确定为赣州市绿色生态旅游点,2004年阳明湖又被列为国家级森林公园。

梅水乡园村　梅水乡园村位于国家4A森林公园——陡水湖畔,距上犹县城14公里。全村共有山地面积13000亩、耕地912亩。园村四周群山簇拥,茶园风光秀丽,是上太线必经之地,邻近京明度假区,四面环山,居其山中一点可览园村全貌,呈圆锅状,故名园村。园村是远近闻名的茶叶专业村,生态保存完好,森林覆盖率高。近年来,园村凭借客家门匾第一村、茶业特色村、九曲生态漂流、千年造纸坊、全国保存最完整的森林小火车等资源优势,打造成集观光、寻古、体验、游乐于一体的乡村旅游目的地。2010年园村被评为"省级乡村旅游示范点"。

在茶产业方面,园村建茶叶精品园、茶博物园、品茶苑,形成了育茶、种茶、采茶、制茶、品茶、茶艺表演的产业链,让游客观赏茶园的同时,品味于茶文化特色,流连忘返,目前,来梅水园村观赏茶园的游客络绎不绝。园村在做大做强茶叶产业的同时,不断挖掘茶文化和客家文化内涵,依托得天独厚的自然资源,大力发展茶叶观光、体验性旅游等项目,延伸茶叶产业链。该村新建了茶艺表演中心、茶园游步道和观景台,组建了客家茶艺表演队,初步形成集采茶、制茶、品茶、茶膳、茶艺表演为一体的体验性旅游项目。

本部分内容资料来源:赣州旅游资讯网 http://www.gzzhly.cn/rmjd.jsp? county = 3607&page = 3&size = 5&region = 360724&topics = &type = lyjd

8. 赣县区旅游目的地情况

白鹭古村 白鹭古村位于江西省赣州市赣县区的最北端,距赣州市区约63千米,毗邻兴国和万安,全村总面积约1平方千米。白鹭建村距今约870多年,共有人口近3000人。白鹭村赣派建筑群是赣县区保存最完好集中的建筑,原有近6万平方米的赣派建筑,由于战争原因,其中保存较完好的古祠堂、古民居只有69栋,能居住的只有30多栋,素有"明清古建筑活博物馆"之称,其中兴复堂、世昌堂、恢烈公祠、王太夫人祠被列为省级文物保护单位。

白鹭古民居沿鹭溪呈月牙形分布,村里的四条主要街道,极似一个大大的"丰"字。白鹭民居以祠堂为主,分"专祀型"和"居祀型"两种,从建筑结构上看,大部分是精美的雕花门楼和建筑实体围绕中突的天井构成的"四水归堂"式。祠堂外围的墙高大挺拔,外墙的每块砖都要有一道研磨的工序,在没有水泥的时代,人们便用糯米和水来代替,虽经近千年风霜,依然坚固如初。

白鹭之名的由来,据1986年6月版的《江西省赣县地名志》载:宋绍兴六年(1136年),钟兴由兴国竹坝迁此建村,夜梦白鹭飞此栖息,遂以白鹭为名。在2006年中国郴州生态(民俗民居)旅游节上,赣县区白鹭村成为中国十大古村之一。悠久的历史让白鹭拥有了为数不少的"第一"和"唯一",如中国第一座也是唯一一座以女士命名的女士祠、中国第一所希望小学、江南第一个村级民俗博物馆、故宫唯一一块遗留在外的金砖。2008年底,白鹭古村被评选为中国第四批国家历史文化名村。

本部分内容资料来源:赣州旅游资讯网 http://www.gzzhly.cn/rmjd.jsp? county = 3607&page = 0&size = 5&region = 360721&topics = &type = lyjd

9. 兴国县旅游目的地情况

苏区干部好作风纪念园　苏区干部好作风纪念园是兴国县著名的"全国爱国主义教育示范基地"和中央党校、国防大学等众多高等院校和相关单位的教育基地,是江西省首个通过国家级旅游服务业标准化试点项目验收的红色景区。园区于 2010 年底开工,2014 年基本完成,在 2016 年被评为国家 4A 级景区。

苏区干部好作风纪念园景区集参观学习、旅游观光、休闲娱乐于一身,由苏区干部好作风陈列馆、将军园、模范书记亭、亲水栈道、游客服务中心、中国长征 5 号运载火箭模型等组成,总投资约 1.3 亿元,是全国唯一的以苏区干部好作风为主题的纪念性公园。

将军园由将军馆、将军广场、大型群雕、国防教育广场、休闲广场、将军湖、将军岛、上将亭等组成。将军馆 2018 年被评为"全国十大精品馆",建筑面积 4200 平方米,布展面积 3090 平方米,展线长 530 米,屋顶是红军八角帽造型,展厅和大门由镰刀、斧头形状构成,馆内分两层,以图片、实物、文字等形式,分别介绍了 56 位兴国籍开国将军的生平和兴国籍部分省部军级领导干部。

苏区干部好作风陈列馆总建筑面积 6000 平方米,布展面积 4970 平方米,展线长 1130 米。馆内共有五个展厅,共展出文物 213 件,油画 18 幅,大型仿生景观 12 组。陈列馆运用现代化高科技手段以及多样化艺术手段,重现了包括毛泽东在长冈乡做调查、金莲山下五英烈、樟树塘小桥、梅岭三章等大型场景,通过声、光、电等多媒体现代布展方法,全面展现了苏区干部好作风的伟大精神内涵。

本部分内容资料来源:博雅文化旅游网 http://www.bytravel.cn/landscape/55/Sanliaofengshuiwenhuajingqu.html

10. 会昌县旅游目的地情况

汉仙岩风景区　汉仙岩风景区位于江西省赣州市会昌县筠门岭境内,坐落在闽、粤、赣三省交界处,为赣南最为典型的丹霞地貌景观,自古以来就有"虔南第一山"和"江南小蓬莱"的称誉。

汉仙岩相传因八仙之一的汉钟离在此修炼成仙而得名,景区南北长约 15 千米,东西宽约 5 千米,面积约为 75 平方千米,由汉仙岩、汉仙湖、盘古山、羊角水堡、汉仙温泉、过江坪古松林等景区组成。汉仙岩有景点近百处,其中古建筑和古石刻 48 处、革命旧址 5 处。汉仙岩风景区生态环境优良,森林覆盖率超过 85%,植物种类甚多,以竹子、松树、杉树、樟树为主,其中黑竹为江南罕见的珍稀竹类,过江坪古松林为历史悠久的客家风水林。

汉仙岩风景区 1995 年被列为省级风景名胜区,2011 年被评为国家 4A 级旅游景区。2010 年汉仙湖被水利部评为国家水利风景区。2017 年 3 月 29 日汉仙岩风景区入选国务院第九批国家级风景名胜区。

本部分内容资料来源:赣州旅游资讯网 http://www.gzzhly.cn/rmjd.jsp?county = 3607&page = 4&size = 5&region = 360733&topics = &type = lyjd

11. 于都县旅游目的地情况

中央红军长征出发地纪念园　中央红军长征出发地纪念园位于于都县城东门渡口,是为了纪念 1934 年 10 月中央红军长征从于都出发而修建。纪念园由游客服务中心、小广场与主题雕塑、集结广场、纪念广场、中央红军长征出发地纪念馆等组成,贯穿其中的步行道像一条飞舞的红飘带将各部分连接在一起。

纪念园入口的主题雕塑高 7.5 米,底座长 8.6 米。雕塑正面主题为"渡河出发",体现的是当年中央红军夜渡于都河出发长征的情景;雕塑背面主题为"依依惜别",体现的是当年于都人民依依不舍地送别出征战士的情景。

集结广场中间的红五星代表的是红星第一、第二纵队,而围绕在它周围的这五个红色钢铁构架,代表的是中央红军的一、三、五、八、九军团,象征当年由中央机关工作人员组成的两个纵队以及中央红军的五个军团就是在于都河北岸集结、休整、补充,渡过于都河出发长征的。

集结广场铺设的书卷镌刻《中国共产党历史》中关于中央红军实行战略转移、出发长征的记述:10 月 16 日,各部队在雩(于)都河以北地区集结完毕。从

17日开始,中央红军主力五个军团及中央、军委机关和直属部队共8.6万余人,踏上战略转移的征途,开始了著名的长征。纪念广场中间铺设一幅中国工农红军长征路线示意图。

纪念园东侧是2004年建的中央红军长征出发地纪念馆。纪念馆基本陈列以长征前夕中央红军在于都的主要活动以及中央红军长征历程为主线,充分体现中央红军被迫实行战略转移的历史背景,红军在长征途中气吞山河、勇往直前的英雄主义和革命乐观主义,伟大的长征所凝聚的伟大的长征精神。

屏山景区 屏山景区为国家4A级旅游景区,坐落于县城南部的靖石乡境内,距县城约60公里,旧名"龙山",海拔1312米,为于都县内最高峰。山麓四周百余里,皆山石层垒而成,属典型的喀斯特地貌结构,山高如屏,有珍禽异兽。屏山牧场属于中亚热带季风湿润气候,具有春早、夏长、秋短、冬迟的特点,年平均气温18.6℃,盛夏最高气温29℃,有"天然空调"之美称。

屏山海拔900米以下悬崖壁立,奇石众多,原始森林郁郁葱葱,遮天蔽日,900米以上则是一片北国草原风光,山顶5万亩碧绿的高山草原连绵起伏。屏山终日云锁雾绕,有极为罕见的天然盆景树带、河西走廊壁墙,保存完好的原始森林,气势磅礴的瀑布飞泉,雄伟陡峭的葫芦顶,神形逼真的鳄鱼大石雕;有如虎歇坪毛泽东祖坟地貌的金莲山寺庙,充满神奇色彩和古老传说的仙人下棋、黄狗钻窿和仙人泉,还有观云海、看日出、穿云雾、顶风口的高山草原风光,更有1996年冬天开始投资创办的我国第一家个人集资开发的高山草场——屏山牧场。1998年,屏山牧场被列为国家计委和农业部南方草山草坡示范工程项目,生产的"屏山高山青草奶"各系列产品畅销江南各地,深受人们喜爱。

本部分内容资料来源:https://baike.so.com/doc/7836553-8110648.html

12. 安远县旅游目的地情况

三百山景区 三百山景区位于江西省赣州市安远县,是国家级风景名胜区、国家4A级旅游景区、国家森林公园,粤港居民饮用水东江的源头发源于此,被誉为"东江之源",是全国唯一对香港同胞具有饮水思源纪念意义的旅游胜地。三百山地跨安远县五个乡镇,总面积197平方公里,由福鳌塘、九曲溪、东风湖、仰天湖、尖峰笔五大景区和东江源温泉旅游度假区、东升围两大独立景点构成。

三百山地处中亚热带南缘,由于山高谷深,人迹罕至,保护有力,很好地保存了中亚热带常绿阔叶林生态系统,森林覆盖率高达98%。三百山有木本植物116科、755种,天然分布的高等植物2500余种,其中列入国家重点保护的树种有青钱柳、东京白克木、乐昌含笑等40余种;三百山观赏植物种类繁多,四季山花野果不断,秋冬红叶满山。三百山气候适宜,森林茂密,为珍禽异兽提供了良好的生存环境。三百山野生高等动物400余种,属于国家重点保护的动物有云豹、金猫、毛冠鹿等28种。

三百山国家森林公园属中山高丘地貌,中山逶迤、重峦叠嶂、危崖奇石、峰奇石异。景区内沟谷纵横,溪流密布。三百山及其附近300多平方公里山地上森林茂密,古木参天,巨藤倒挂,遮天蔽日。三百山国家森林公园集山势、林海、瀑布、温泉四大自然风景奇观为一体,山水林石俱美,原始、古朴、清寂,一年四季气候温凉,舒适宜人。清澈秀丽的东江源,壮观密集的潭瀑群,保存完好的常绿阔叶林,无可挑剔的环境质量,堪称三百山的"四绝"。

本部分内容资料来源:赣州旅游资讯网 http://www.gzzhly.cn/rmjd.jsp?county=3607&page=2&size=5&region=360726&topics=&type=lyjd

13. 宁都县旅游目的地情况

翠微峰国家森林公园 翠微峰,古称"金精山",是江西名山之一,以其丹霞地貌、道家福地、儒家学说和兵家争夺闻名遐迩,位于宁都县城西郊3公里处,总面积78平方公里,是国家级森林公园、省级风景名胜区、国家4A级旅游景区,面积7858公顷。据统计,海拔300米以上的石峰就有94座。翠微峰国家森林公园主要分为五大片区:翠微峰、金精洞、锦绣湖、凌霄峰、八峰台。

翠微峰是赣南丹霞地貌的典型代表。峰险、洞幽、水清、林秀是主要特色。该景区包括著名的金精十二峰,其中翠微主峰最具特色。翠微主峰,丹霞绝壁、孤峰突兀,山体呈南北走向,全长800多米,海拔高度426米,山体南端有一裂缝,是登峰独径,有"一夫当关,万夫莫开"之势。金精洞是天然石洞,洞体宽大,可容数千人。相传西汉民女张丽英在金精山修道成仙，邑人为纪念她，在山中设坛奉祀。金精山被列为道家七十二福地中的第三十五福地，宋徽宗亲笔御赐张丽英为"灵泉普应真人"。唐金紫光禄大夫、大司农兼侍讲大学士刘宗臣游览金精十二峰后，便从京师迁来此处，唐末堪舆大师廖瑀更以"金精山人"自居，理学大家朱熹高足、邑人曾兴宗著文授徒于"水竹幽居"，兴宗孙曾原一隐居于此，结"江湖吟社"，开宁都"诗国"之先河。清初三大散文家之一魏禧为首的"易堂九子"，于翠微峰峰顶筑有"易堂"，在此办馆兴学，潜心著作，博得"易堂真气天下罕二"的赞誉，使宁都在"诗国"美称之上，又添"文乡"之誉。

本部分内容资料来源：https://baike.so.com/doc/5689624-5902321.html

14. 信丰县旅游目的地情况

信丰"中国脐橙产业园" 信丰"中国赣南脐橙产业园"景区位于信丰县安西镇，总投资约 2.2 亿元人民币，面积约 5000 亩，属于国家现代农业产业园核心区，是国家 4A 级景区。景区有种植示范园、文化博物馆、产业工作站、苗木科研中心等。脐橙博览馆是目前全国首家以"脐橙"为主题的大型参观展馆，整个展馆占地 6000 平方米，包括了 3D 动态脐橙树、领导关怀、实景沙盘、脐橙发展史等，是集文化传播、研学科普、创新科技、科学研发为一体的大型综合性展馆。生产车间建筑面积 109356 平方米，主要用于鲜果分选、榨汁、灌装及销售。

本部分内容资料来源：赣州旅游资讯网 http://www.gzzhly.cn/xq_rmjd.jsp? linkId=100000013

15. 定南县旅游目的地情况

虎形围屋 虎形围屋位于定南县历市镇车步村方屋排，始建于 1786 年，距今已有 200 余年历史，是县级文物保护单位。围屋外呈方形，前宽 40 米，纵深 33 米，坐西北朝东南，背靠虎形青山，建筑造型为昂首坐视的虎形，大门塑造成虎头形状，因此得名"虎形围"。虎形围是客家围屋建筑史上的经典案例，也是赣南围屋的杰出代表之一。

围屋建在一个典型的山间小盆地之中，四周沙山屏立，呈藏风聚水之格局。

围屋取坐西北朝东南之向,背靠虎形山脉,面朝天际轮廓秀美的笔架山,门前有清澈见底的小溪环绕,周围有百亩良田。围屋四角为三层碉楼,四周外屋由河石、麻条石、青砖灰砌至顶,一层外窗由麻石条砌成,二楼以上设有炮楼、枪眼等防御设施。

围屋设计者观察地形,认为此地现青龙昂首之势,后山宛如卧虎,从而把这个方家围屋设计成一所虎形围屋。围屋的大门是虎嘴,边上加两个圆形窗户,表示虎眼,正立两侧的炮楼是虎爪,围屋的后面只设一座炮楼,是虎的尾巴。整个虎形围建造形成一个虎的整体,而且将虎形围与背后的青山也连成一个虎的造型,可谓匠心独具。

本部分内容资料来源:赣州旅游资讯网 http://www.gzzhly.cn/xq_rmjd.jsp? linkId=100000029

16. 全南县旅游目的地情况

雅溪古村 雅溪古村位于全南县龙源坝镇,距县城 22 千米,村落始建于明朝,村民皆为陈姓。2016 年 12 月,雅溪古村被列入第四批中国传统村落名录。2018 年 10 月,雅溪古村被认定为国家 4A 级旅游景区。

雅溪古村落选址和营建充分体现了"以人为本"和"天人合一"的理念,选址布局精巧。村落选址以山川走势为基本要素,空间配置及村落安全设施以围屋、寨堡为主体,整体布局与周边山水、林木融为一体。雅溪围屋选址山间盆地,依山傍水。房屋整体坐北朝南,背靠海拔 320 米高的小山丘,既有利于形成适宜的微气候,又不会阻隔与外界的交通联系。一条小溪自东而西从雅溪围屋群的前方流过,穿越村落以后与其他三条小溪合流,与周边山体的良好植被形成围屋整体美好的聚居环境。

雅溪古村有两座建于清朝的客家围屋,其中一座为土围,另一座为石围。福星围,建于清朝咸丰六年(1856 年),是一座方形的夯土砖墙结构的建筑,高三层,每层 17 间房。飞檐翘角,造型简约,却给人一种非常坚固的感觉。长方"口"字形土围设炮角四个,沿着围屋的中轴线自南向北依次为门坪、楼门、门厅、环廊、天井、厅堂,天井比例瘦高,二层以上均有内环廊,设计紧凑,别具一格。围内设有客家民俗馆,集中展示了客家非遗、婚宴嫁娶、过年过节等传统习俗。雅凤围,建于清光绪十一年(1885年),素有"小家碧玉"之称。它坐落于凤凰山脚下,以长、宽约20米的正方形"回"字结构为构造,全实木搭建的屋廊共四层,每层13间。天井里有一口麻石围砌的古井,清澈见底的井水甘洌又清凉。砖砌炮角、花岗岩制的大门、防火攻装置、精美的木雕石雕,在赣南围屋中也是独一无二的。围内的"二十四节气"展示馆,将农耕文化、客家民俗文化和二十四节气相融合。

目前,雅溪古村旅游景区分为四个区域:七彩入口田园区、古韵村落观赏区、客家文化体验区以及稻田康养休闲区。

本部分内容资料来源:全南县人民政府官网 https://mp.weixin.qq.com/s/hOrerYaY-A3R-EKBiHqLyg